WIZARD

AM I BEING TOO SUBTLE?

STRAIGHT TALK FROM A BUSINESS REBEL

BY SAM ZELL

逆張り投資家サム・ゼル

サム・ゼル［著］ 長尾慎太郎［監修］ 井田京子［訳］

5000億円儲けた「墓場のダンサー」

Pan Rolling

Am I Being Too Subtle? : Straight Talk from a Business Rebel
by Sam Zell

This edition published by arrangement with Portfolio, an imprint of Penguin
Publishing Group, a division of Penguin Random House LLC.,
through Tuttle-Mori Agency, Inc., Tokyo

日本の読者のみなさんへ

私はスギハラサバイバーの子供である。私の両親は、ポーランドにナチスが侵攻する一〇カ月前に母国を逃れ、一九四〇年七月に二歳の姉をつれてリトアニアにたどり着いた。そのとき、日本領事館に外交官として駐在していたのが杉原千畝だった。私の家族がリトアニアに到着した時点で、ヨーロッパを脱出する道は日本に行くことしかなかった。

私の父は、最初に杉原に日本の通過ビザを嘆願したユダヤ人代表団の一人だった。杉原は日本の外務省にビザ発給の許可を請訓するも最初は無視され、そののち拒否された。それでも、杉原は本省の命令に背いて何千人もの難民に日本へのビザを発給した。彼の勇気と慈悲心がなければ、姉と妹と私、そして私たちの子供たちや孫たちは今日ここにいなかった。

杉原ビザを手にした両親と姉は、ウラジオストクから貨物船に乗って福井県の敦賀港に着いた。三人は逃亡生活と心配と恐怖で疲れ果てていた。それでも、母の言葉を借りれば、「日本は自由社会への扉だった」。

両親と姉は神戸港に着いたユダヤ人難民の第二波のなかにおり、すでにユダヤ人コミュニティが出来上がっていた。彼らはここに一週間滞在したあと横浜に移り、横浜グランドホテル（当時）

の向かいのアパートに三カ月間滞在した。ここではユダヤ人難民の会合が頻繁に行われた。そして、母はここで私を妊娠した。

私は子供のころから両親に、日本の人たちから受けた親切ともてなしの心について聞かされてきた。両親は、日本の文化や日本人のきちんとしたところ、秩序、丁寧さ、そして姉の金髪を愛でてくれることに感嘆した。祖国で何年間も抑圧され、迫害されてきたユダヤ人を、日本人は人間の品格をもって受け入れてくれた。日本はユダヤ人難民のオアシスだったのである。

一九四一年五月七日、両親と姉は日枝丸で日本を出港し、五月一八日にアメリカに到着した。両親の勇気と、逃亡生活のなかで出会った数多くの人たちの親切によって、私は自分の帝国を作るチャンスを与えられ、それを実行した。

私は頻繁に日本を訪れ、日本の景色を見るたびに、必死で逃げてきた私の家族を温かく迎え入れてくれたこの国と人々に思いをはせている。私は命令よりも慈悲の心を優先した人物をけっして忘れない。そして大いに感謝している。

二〇一七年一一月二九日

サム・ゼル

監修者まえがき

本書は米国の起業家サム・ゼルの著した自伝〝Am I Being Too Subtle?：Straight Talk From a Business Rebel〟の邦訳である。著者は米国でも有数の企業家・投資家として知られており、その軸となってきたのは不動産関連のビジネスである。だが、これは単に不動産投資で財を得た人物の成功譚ではなく、リスクというものをどのように扱うべきか、そしてそのためには人や組織にどういった「文化」が必要なのかということに関する啓蒙書なのである。一般に、投資とは不確実性（リスク）に対する賭けであり、はなはだ危険なことと認識されている。多くの日本人にとっては、投資はやってもやらなくてもよいものであり、やって失敗するくらいなら、むしろ初めから一切やらないほうがよいと考える人が大多数である。しかし、著者にとっては、リスクをとらないことはせっかく自分に与えられたチャンスを無駄にし、さらには潜在的により大きなリスクをとっていることにほかならないのである。

本書にあるとおり、ゼルはユダヤ人であり、彼の両親は第二次世界大戦時に日本人外交官であった杉原千畝の発行したビザによって命を救われたスギハラサバイバーであった。ポーランドで穀物商をしていたゼルの父親はナチスの危険性をいち早く見抜き、事前に周到な準備をしたうえでギリギリのタイミングで家族と共にポーランドを脱出した。その成功は同時に大変なリスクを伴うものであったが、父親の冷静な判断と果敢な行動がゼルの一家を救ったのだ。一方で、常識や先入観にとらわれてリスクをとらなかった多数派の人々は生き残ることができなかった。文字どおりリスクの扱い方一つが生死を分けたのである。

だから、著者にとっては、リスクは避けるべきものではなく合理的な計算に基づいて当然とるべきものを意味する。ゼルの投資哲学やアプローチそのものは、ウォーレン・バフェットのそれに似た保守的なものであるが、自らの信念に基づいた挑戦を生涯にわたって実行することで、彼は巨万の富を築いた。それは父親とは形こそ違うものの、不確実性に正面から向き合い自分の力で運命を切り開いたと言う点で同じであり、彼は父親の勇気や杉原の善意が自分にもたらした、この世に生まれ米国で生きることができるというチャンスをけっして無駄にすることなく、アメリカンドリームを体現することに人生を使い切ったのである。

二〇一七年一二月

長尾慎太郎

移民を果たした人たちに捧げる

Contents

CONTENTS

まえがき――私は本気だ

私と話をしたあとで、「あれはどういう意味だったのだろうか」と悩む人はいない。私が何かを言うときは、はっきりと、率直に、たいていは遠慮なく伝えることにしている。私が明らかだと思うことを伝えるときの決めぜりふは「オレの言ってることが分かるかい」。念を押したいときは、続けて「もっとゆっくり言おうか」と言い添えることもある。

私は人から見ると、ぶっきらぼうに見えるかもしれない。自分でもそれは分かっている。それに気が短いときもある。私はもともとせっかちなのだ。そうでない人が大勢いることのほうが理解できない。ただ、自分が小さいころからみんなとは根本的に違う見方をしていることには気づいていた。そして、いつもみんなと同じことをするのではなく、自分が本物だと信じるものを選んできた。みんなから外れることになろうとも（たいていはそうだが）、私一人になっても、だ。

本書は、シカゴ生まれのじっとしていられない好奇心の強い少年が、フォーブスの長者番付に載るまでに成長した物語である。リスクをとってうまくいった話、うまくいかなかった話、そしてその過程で学んだことなどについて書いていく。私の会社についても書いていくが、ここで最も大事にしているのはカルチャー（文化）だ。つまり、私たちは私たちのやり方である透明性と目的の共有化と信頼を保つことに細心の注意を払っているのである。

私についてよく知られているのは、商業不動産の大手数社を作ったことと、今日では一兆ドル規模に成長した商業不動産業界を育てた一人だということだ。しかし、実際の私の投資先は、エネルギー、製造業、小売り、旅行、物流、ヘルスケアなど多岐にわたっている。つまり、私の仕事は投資家、または資本配分者とも言える。でも、本当のところは起業家だ。ただし、私の場合は特定の業界に注目するというよりも、私の関心を引いたアノマリーやトレンドにチャンスを見いだしている。

私の仕事は、リスクを読むことと言ってよい。常に下方リスクを理解しようと注意を払っている。これまでなかなかうまくやってきたが、完璧ではない。非常にうまくいくときやいかないときがあるのは仕方がない。もちろん、二〜三年の間に悪いことが重なることはあまりないが、二〇〇七〜二〇〇八年には私が一から作り上げたエクイティ・オフィスを三九〇億ドルで売却することになり、サブプライム危機のはじめに八〇億ドルかけて非上場化したトリビューン社は翌年に破産した。

不動産業界で、私は墓場のダンサーと呼ばれている。これは、私が一九七六年に書いた記事のタイトルだが、そのまま私のあだ名になってしまった。他人が失敗したものを買って価値を生み出すことをある種の搾取だと考える人もいるが、私は放置されたり価値が下がったりした資産（どの業界でも）に新たな生命を吹き込むことだと思っている。それにこれまでの多くのケースでは私が唯一の入札者で、復活の最後のチャンスだった。自分が他利的だと言うつもりはないが、単純に私ならば再生できると楽観し、自信があっただけだ。

私は、これこそが起業家だと思っている。問題だけではなく解決策、つまりチャンスも見つけられるということだ。

起業家の基本は、当然ながら私の普通とは違う道を選ぶ傾向と合致している。私のモットーは、「みんなが左に行くときは、右を見ろ」である。常識は目安のひとつにすぎない。

むしろ、ひどい衰退を招く考え方にもなり得ると思っている。結局のところ、たくさんの人が「こっちに行け」と叫んでいるだけのことでも、群衆が動き始めると、それはすぐに大きくて速い動きになっていく。一九七〇年代と一九八〇年代の商業不動産の開発にみんなが殺到したときもそうだったし、一九九〇年代のインターネットバブルのときも、二〇〇〇年代のサブプライムローンが過熱したときもそうだった。

私は、あえてノイズを遮断して、自分にとって理にかなうことをするようにしている。みんなの意見は聞きたい。聞き上手でいることには大きな価値があると思うからだ。ただし、自分の道は自分で決める。私は明らかなことを探し、もし明らかでなければさらに情報を集める。そのためには、さまざまな情報源のニュースを読んだり、新しい法律を理解したり、地球の裏側にいる人に会いに行くこともある。大事なのは、思い込みを捨てることだ。ただ、自分の立場を決めるところまでは簡単だ。

自分の考えがまとまっても、自分の見通しを十分信じることができなければ行動、つまり自分のお金をつぎ込むことはできない。しかも、私の場合、大金をつぎ込むことが多いし、みんなに間違っていると言われても、自分の決定を変えないことが多い。「サム、君は分かってないよ」と数え切れないほど言われてきた。もし彼らがそのたびに五セントくれていたら、それだけで金持ちになっていただろう。

私は、ビジネスの基本（需要と供給、流動性の価値、良い企業統治、信頼できるパートナーなど）はすべてに通じると信じている。これらのことが、私の判断、つまり何をすべきかの指針となる。私の価値観がどのようにすべきかの指針になっているのと同じことだ。

私の会社は、倫理に基づいた能力主義で運営されている。この言葉に驚いた人、つまりみんなを打ち負かさないとトップに行けないと思っている人は、間違っている。同じ相手と何度も取引をしている人、つまり自分の世界とビジネスが一致している人は、長期的な関係を築くことができる。私はどのような交渉においても、多少の余地を残すようにしている。また、どのような関係においても、利益は分け合うべきだと思っている。私には何十年も続いている取引相手がたくさんいる。みんなで一緒に得をしたいと思っているからだ。また、私の会社の社員も、二〇年、三〇年、なかにはそれ以上勤めている人がたくさんいる。私がうまくいけば、彼らもうまくいくからだ。

このような長期的な関係を築けたのは、父が授けてくれた最も重要な教訓のおかげである。父は、どう生きるべきかを教えてくれた。また、名誉以上に大事なものはないと、よく言っていた。ユダヤ教のシェム・トーブ、つまり良い評判ということだ。評価は人の最も重要な資産である。その人のやることや言うことのすべてが永久に記憶される。名誉はその人の特徴なのである。私がどれほど成功しても、この教えを忘れることはない。私は必ず約束を守る人間であろうと努力している。

自分が聖人だと言うつもりはない。三回結婚しているし、若いころは夫や父親の役割よりも仕事を優先したことが多くあった。ただ、父の教えの大事な部分を私の子供たちに伝える努力はしてきたつもりだ。地に足をつけ、実践的に考え、責任を意識し、もちろんシェム・トーブも忘れてはならない。

今日、私もみんなと同様、年とともにより良い見方ができるようになってきた。会社の私の部屋に来た人が最初に目にするのは、二七インチの大画面に次々と映し出される妻や子供や孫の写真だ。私は、彼らと過ごす時間を楽しんでいる。私の人生は、以前よりもバランスがとれている。家族の行事は何をおいても参加する。特に気に入っているのが二〇年連れ添っている妻のヘレンと行くヨーロッパ旅行で、一六歳の節目を迎えた孫は必ず同行することになっている。孫たちが、この旅行で世界に興味を持ち、それぞれの人生を大きな流れのなかで理解する助けになればと思ってのことだ。彼らには、自分の意見を持ち、信じたことを自信を持って行動に移してほしい。結局のところ、それが私の両親や私たち兄弟の命を救ったのだ。このことは後述する。そして、私の成功にはこの見方が大きくかかわっていると思っている。

ただ、私にとって富を蓄えることだけが目的ではないし、最初の目的ですらなかった。昔の映画「ウィーラー・ディーラース」のセリフにもあるように、「車を走らせるのも売り買いするのもお金のためじゃない。楽しいからやるんだ。お金は記録をつけるために必要なだけだ」。そのとおりだ。私もいつも仕事自体に魅力を感じてきた。

私は常に自分の限界に挑戦し、それを楽しんできた。一＋一が三にも四にも六にもなると思う。どうすればそうなるかを考える過程が楽しいし、満足感を覚える。私にとって、ビジネスはお金のための戦いではなく、解くべきパズルなのである。最終目標は、たくさんのおもちゃを集めて遊ぶことではない。私は一二歳のときから一人でシカゴの通りを探索してきた。つまり、私はこれまで「仕事」と「遊び」の厳密な境界線を意識したことがない。私はいつも、もし自分の知能が劣っていたら……、もし今までやったことがないことをするならば……、もし自分の創造性と資源を使って問題を解くならば……、もしずっと学び続けられたら……、などと考えていた。それが楽しいのだ。

私のなかには適度な思い上がりがあり、それを自分自身にも他者にも同じように用いてきた。私は若いころに、第一一戒と名づけた概念を導入した――「汝は自らを深刻に考えすぎるなかれ」というものだ。そして、これは私の人生を支配する原則となった。大きな投資案件はときに人を酔わせ、自分の価値を実力以上だと誤解させてしまうことがある。私はそうはなりたくない。

そして、この姿勢は伝染する。一九八五年に、ウォール・ストリート・ジャーナル紙の一面に掲載された私に関する記事に、私の「楽しくない仕事はやらない」という言葉が引用されていた。翌朝、会社に着くと、郵便係の面々がこの言葉を印刷したTシャツを着ていた。私は、彼らがそうすることを思いつき、できると思い、実際に行動に移したことがうれしかった。このエピソードは、私が経営する投資会社EGI（エクイティ・グループ・インベストメント）のカルチャーをよく表している。

私がよく非難されることのひとつに、汚い言葉を使うことがある。実際、不動産会社の同僚が、私が会議の壇上でFから始まるひどい言葉をいつ、どこで言うかに賭けていることもあるくらいだ。既存のルールや社会通念にただ従うつもりはない。しかし、こういう表面的なことに気を取られている人は多い。例えば、私は一九六〇年代から、ジーンズで出勤している。それが受け入れられるようになるはるか前からだ。今でも、ビジネス会議やＣＮＢＣのスクワークボックスの収録スタジオで、ジーンズをはいているのはたいてい私一人だ。しかし、結局のところ、仕事がうまくいっていれば、ありのままの自分でいる自由がある。

私はユダヤ人難民の息子で、両親はナチスの虐殺を逃れてアメリカに渡った。私は、自分が偉大なアメリカンドリームの一端を担っているという考えに人生すべてを捧げている。アメリカの起業家精神とそれを実現できる環境は、世界でここにしかない。私は自分の才能を生かして、だれも気づかなかったチャンスを見つけ、だれも解決できなかった問題を解決し、素晴らしい取引をまとめ、破綻した資産を再生し、素晴らしい会社を育てたい。簡単に言えば、違いを生み出したいのだ。偽善者になりたいわけではない。大事なのは前進することで、現状を改革し、明らかな変化をもたらし、意味のあるものを構築したいのだ。そして、だれもやらない取引をしたい。かつて手掛けた最も面白くて儲かった投資のなかには、業界が落ち込んでいるときに買った鉄道車両会社や、ほかの投資家が見向きもしない時期に買ったトレーラーパークなど、直観に反するものがある。

よく「いつ引退するのか」と聞かれるが、そんなときは「何から引退するのか」と答えることにしている。人生で、いやいや仕事をしたことは一日もない。これまでやってきたことはすべて、そのとりこになり、好きでやってきた。私は、自分を奮い立たせ、挑戦する人たちを見つけ、彼らにチャンスを与え、彼らの成長を見守ることを生きがいにしているし、彼らが達成したことを大いに誇りに思っている。そして、私はどんなときでも自分とみんなを鼓舞し続ける。私は七五歳だが、毎朝四時四五分に体操し、六時三〇分に会社に着き、帰宅するのはたいてい夜七時以降だ。

私にはまだまだやることも、言いたいこともある。私にとって、毎日が冒険なのである。

私の歩んできた人生の物語を楽しんでほしい。

第1章

あり得ない人生

私の父は、私が出会った最初の「不可能」を可能にした人物である。父は三四歳のとき、故郷のポーランドを、最後の列車で脱出した。出発してから数時間後に、線路はドイツ軍の空爆で破壊された。父は母とまだ二歳だった姉をつれ、安全な場所を求めて二一カ月間、二つの大陸を渡り歩いた。

この話を聞いて育った私は、どんなことでも不可能はないと信じるようになった。そして、限界などないということを知っていれば、どんなことでも試してみようという気になるものだ。

私の両親は、二人ともポーランドのドイツ国境に近い町にある中流家庭で育った。両家とも大家族で、敬虔なユダヤ教徒で、教養が高かった。両親は遠い縁戚関係にあり、家族を通じて出会い、一九三六年に結婚して、この地域のソスノビエツという町に居を構えた。

父のバーナードは、東欧各地で穀物の売買をしていた。さまざまな国で異なる人や文化に出会っていた父は、家族や近所の人たちよりも世界に目を向け、地政学的な情報も得ていた。また、父は世界情勢に大いに関心があったが、ポーランドのラジオは検閲されていたため、短波ラジオのニュースで情報を集めていた。ポーランドのラジオやアメリカのニュースも聞いていた。こうして父は当時、ポーランドのユダヤ人に危機が迫っていることをよく分かっていたが、地方の友人や家族は最悪のシナリオの可能性を深刻に受け止めてはいなかった。

父は現実主義者で、先見の明と行動力があった。一九三七年、ポーランドで反ユダヤ主義が高まり、ドイツの攻勢が強まるなか、父の懸念は高まり行動を決意した。母のロシェルは避難資金として宝石を服の裏地に縫い付けたが、それでも足りないことは分かっていた。ポーランドでは当時、資産を国外に持ち出すことが禁じられており、経済犯罪を疑われた人の姿がいつの間にか見えなくなることは周知の事実だった。つまり、父はとてつもないリスクをとって、資金をテルアビブ（当時のパレスチナ）の銀行に秘密裏に移したのだ。発覚を避けるため、父は預金の確認書を自宅に送らないように手配した。

それから一年がたち、一九三八年一一月の水晶の夜（ドイツ全土でナチスがユダヤ人を迫害した事件）のころには、父はポーランドを離れることを決意していた。ただ、その前にポーランド国外に広く経済基盤を築いておきたいと考えた。父は、まずパレスチナのアングロ・パレスチナ銀行に送った資金を確認して、それをアメリカの銀行に送金し、パレスチナには新たにポーランドから持ち出した資金を入金するという計画を立てた。この送金は、ポーランドからユダヤ人が資産を持ち出すのを支援していたユダヤ系の仲介者が行っていた。ただ、送金をするためには母の助けが必要で、これは非常に慎重に行う必要があった。

父は三週間の観光ビザでテルアビブに行き、母あてに毎日手紙を書くことで、家との連絡が普通のことであるよう振る舞った。父と母の間で交わされた書簡はすべて警察が検閲していたため、父は母がすべきことを目立たないように指示した。父の手紙は、どれも「五〇」という数字が強調されており、母にはこれが五万ズロチ（約一万ドル）を用意しろということだと分かっていた（両親がポーランドで保有していたお金はすべて家のなかにあった）。ある日、母はいつものように封書を受け取ったが、中身はほんの数語しか書かれていない紙の切れ端だった。母は何かあるとは察したが、具体的なことはまったく分からなかった。そして、あと一週間で父が帰るというときに、見知らぬ人物が突然家のドアを叩いた。そのこと自体、不安をかき立てる出来事だった。男は、アングロ・パレスチナ銀行の社長だと名乗り、母が受け取っていた手紙の切れ端のカーボンコピーを持っていた。母は五万ズロチを男に渡した。男は警察の人間かもしれなかったし、そのお金を持ち逃げする可能性だってあったが、母には彼が味方かどうかを知る手立てはなかったのだ。しかし、すべてはうまくいった。父はすべきことを終えて帰宅した。テルアビブの資金を増やし、ニューヨークの銀行にもお金を送って、どちらの口座にも父と母のサインを登録していた。

両親にはそれぞれ六人の兄弟がいた。二人はそれぞれの家族にポーランドを離れるよう何度も説得をしたが、全員が拒んだ。地域社会のなかでは、反ユダヤ主義を見たり経験したりしていても、第一次世界大戦のときのように我慢していれば何とかなるだろうと思っていたのだ。ドイツ人だって文化的な教養ある人たちなのだから、とも思ったのだろう。親兄弟を残していくということが、父の出発の決断を遅らせたことは間違いない。

一九三九年八月二四日、父は出張でワルシャワに向かう途中、列車が停車した駅のホームで新聞を買った。見出しには、ドイツとソ連が不可侵条約を締結したと書かれていた。父には、両国に挟まれたポーランドがこの両国から攻撃を受け、分割されることになることが分かっていた。逃げるのは今しかないと思った父は、そのまま線路を渡って反対列車に乗り、家に戻った。

父の乗った列車は、午後二時にソスノビエツに到着した。駅から家までは徒歩一〇分だった。父は母に運べる分だけ荷造りするよう伝え、三人は四時の列車で町を出た。

父は母と姉のジュリーを一二〇キロほど離れたケェルツェにある親戚の家に預けると、もう一度だけ故郷に戻って家族に一緒に逃げるよう懇願した。これは時間との戦いだった。しかし、やはり断られた。そこから、両親と姉だけの二年近い旅が始まった。ドイツ軍は、夜明けにポーランドに侵攻した。説得を断念した父がソスノビエツから乗った列車は、ナチスが線路を爆撃する前の最後の列車だったのである。

両親は、ドイツがある西に向かうことはできなかったため、ポーランドを横切って北東に向かい、リトアニアに入った。両親は徒歩とバスと馬車と家畜列車などで移動した。父たちは行く先々で、たいていは難民の第一波として到着した。子供のころ、私は両親が旅の途中でさまざまな人たちから助けられた話をたくさん聞いた。たいていは父の仕事の関係者で、ユダヤ人もそうでない人もいた。そのため、父はいつもユダヤ教の「ツェダカ」（公正さと親切と分け与えること）の重要性を強調していた。ツェダカが両親の命を救ったのである。

両親は、リトアニアのビリニュスで一度とどまり、父は地元の商人を相手に穀物の商売を始めた。母は逃げるのに疲れ、そこで戦争が終わるのを待ちたがった。しかし、父は事態が切迫していることを忘れてはいなかった。そして、もちろんそれは正しかった。リトアニアに残ったユダヤ人は、結局、ほとんどの人が命を落とすことになった。

父は最終的にはパレスチナかアメリカに行こうとしていたが、まずはヨーロッパを出る必要があり、そのためには安全で両親を受け入れてくれる国のビザが必要だった。ビリニュスには数カ国の領事館があったが、ほとんどは東欧の国で、すでに戦争状態にあるか、ドイツの占領下にあった。このとき、カウナスという町の近くにオランダの名誉領事だったヤン・ズワートンダイクという人物が住んでおり、彼がベネズエラ沖にあるオランダ領のキュラソーならビザなしでも入島できることに目をつけた。ただ、オランダ政府にはキュラソーへのビザを発行する手順がなかった。ビザが存在しなかったからだ。しかし、難民がソ連を通り抜けるためには、正式に見える書類が必要だった。そこで、難民の一人だったユダヤ人の職人が、オランダの紋章に似せた偽造スタンプを作り、ズワートンダイクがそれを使ってキュラソーへの偽造ビザを発行した。

キュラソーは、リトアニアからポーランド、ドイツ、フランスを超えて南東九〇〇〇キロ先にある島である。ただ、これらの国を通り抜けるという選択肢は明らかになかった。たどり着く唯一の方法は、ソ連（ロシア）と日本を抜けていくことで、ユーラシア大陸を横断して西に向かう約一三〇〇〇キロの旅である。そして、もうひとつの難問が、日本を通過するためのビザだった。

父を含むユダヤ人難民の代表は、ビリニュスの日本領事館で代理領事を務めていた杉原千畝を訪ね、通過ビザの発行を申請した。杉原は、難民を救済する許可を求めて東京に三回電報を打つも毎回拒否された。杉原は日本のキャリア外交官だったが、中堅の武士の血を引く家庭で育った。武士道のなかには善行、慈悲、感謝、命を尊重することなどの教えが含まれている。杉原千畝は、自身のキャリアや家族をリスクにさらし、直接命令を無視してできるかぎりのことをしようと決意した。それから一カ月間、彼と妻は睡眠も食事もそこそこに何千枚もの通過ビザを発給し続けた。彼が救済した六〇〇〇人のユダヤ人――スギハラサバイバー――のなかに、私の家族もいた。

両親の命が、命令に背いた日本人によって救われたということは驚くべきことだと、私はずっと思い続けている。日本の文化を考えればなおさらだ。私が一九八〇年代に入ってすぐ初めて日本に行ったとき、訪ねた相手にこの話をすると、みんなそんなことはあり得ないと言っていた。外務省の役人が直接指令に背くことなどけっしてないからだ。しかし、杉原はそれをした。彼がイスラエル政府から正式に「諸国民のなかの正義の人」と認定されたのは一九八五年になってからで、すでに高齢になっていた。杉原は、今では「日本のシンドラー」として尊敬され、ヤド・バシェム（ホロコースト記念館）内の「正義の人の庭園」にある「名誉の壁」にその名前が記されている。

私たちは、杉原が亡くなる前に彼の住所を探し当て、姉のジュリーが夫と日本を訪れて面会した。姉が杉原に「なぜ命令に背いてまで行動してくださったのですか」と聞くと、「それまで人を助ける機会などありませんでしたが、そこにこのチャンスが巡ってきたのです。やるしかないでしょう」という答えが返ってきた。彼の勇気ある行動は、彼自身のやり方で違いを生むという遺産として受け継がれている。

両親と姉はシベリア鉄道でソ連を通り抜けたが、一万三〇〇〇キロの旅の全行程がリスクにさらされていた。ユダヤ人はどんな違反であっても、本当かどうかに関係なくシベリアの収容所に送られていた。しかも極寒の冬である。しかし、三人は逃げ延びた。父たちは、この戦争中に日本に到着した何千人ものユダヤ人難民の二番目のグループに入っていた。

三人は、日本で約四カ月近くを過ごし、そのほとんどの期間、横浜にいた。母はいつも日本人の親切や温かさについて語っていた。辛い旅のあとは、なおさら身に染みたようだ。のちに両親がアメリカに落ち着いたとき、両親は戦争中の日本での経験と、新しく住み始めたアメリカでの日本人に対する敵意のギャップに大いに困惑した。

父たちは、安全な地を求め、二一カ月をかけて四カ国を通り抜け、一九四一年五月一八日にシアトルに到着した。このとき母は、私を妊娠していた。両親は、ほぼすべての資金を使いきり、残っていたのは以前にニューヨークのマニュファクチャラーズ・トラスト・カンパニー銀行に送金していた六〇〇〇ドルだけだった。

アメリカに入国した翌日の夜、両親は初めての英語のクラスに参加した。両親は語学力を上げてアメリカ国籍を取得する準備を始めた。ニューヨークにいた父の大伯父が仕事をくれようとしたが、父は独立心が強かったし、アメリカの穀物ビジネスの中心地であるシカゴに住み、再び穀物商人として仕事をしようと決めていた。

実は、両親はシカゴで最初に訪れたホテルで宿泊を断られた。父は激怒し、「やっと反ユダヤ主義から逃れたと思ったのに、ようやくアメリカに着いてホテルに泊まろうと思ったら断られた」と思った。実は、この話は父の数少ないジョークのひとつだ。父は当時、英語が読めなかったため、ホテルの表に書いてあった「男性のみ」の表示が目に入らなかったのである。

両親は、ユダヤ人が多く住むシカゴの西部地域に住み始め、九月二八日に私が生まれた。アメリカにたどり着いて四カ月後、真珠湾攻撃の二カ月前だった。ポーランドに残った両親の家族から届いた最後の何通かの手紙には、母の義兄弟のサミュエル・モーゼ（私は彼の名前をもらった）が路上で撃たれたことなどが書かれていた。それから間もなく、親族はユダヤ人街に身を潜め、そのあと強制収容所に連行された。両親の親と四人の兄弟とその子供たち一八人が殺され、生き残ったのは母の兄弟のアイザックとアンの二人だけだった。

両親の世界観は、生き残るために大きな役割を果たした。また、家のなかでは移民であることを常に意識し、それは私が四歳のときに戦争が終わったあとも変わらなかった。しかし、私は六歳になるまで家族の話にほとんど関心がなかった。両親は、ハーモニー・サークル・クラブという集まりに参加していた。ここにはポーランド移民が多く参加しており、月に一回集まってヨーロッパの戦況やアメリカでの生活について情報交換をしていた。

今でもはっきりと覚えているが、ある夜、子供部屋から抜け出すと、暗い居間で、両親と友人たちが壁に映し出した八ミリフィルムを見ていた。両親たちは強制収容所を盗撮した映像を見ていたのだ。私は白黒の荒い映像のなかで、トラックにあふれんばかりに積まれた死体や、皮膚から突き出た骨など、人がゴミのように廃棄されていく恐ろしいとしか言いようのない光景を見てしまった。この忘れることができない映像によって、私は初めてホロコーストを知った。あとから考えれば、このことが私の成熟を早め、世界を冷静に見るようになるきっかけになった。また、この映像は両親の人生に対する姿勢を理解する助けにもなった。両親は、子供たちを成功させるための努力を惜しまなかった。自由を確保するためには、経済的な成功が不可欠だったからだ。両親がポーランドを脱出できた理由のひとつは、その手段があったからで、それは父がそのための資金を蓄える先見の明があったからだった。

一九八六年に父が亡くなった翌日、父が小指にはめていた指輪を母が私にくれた。この指輪にはヨーロッパからの長い逃亡生活の間、姉の靴のなかに隠し持っていたダイヤモンドがはめ込まれていた。私はこのダイヤモンドをブレスレットに付け替え、右腕に常に付けている。自分のルーツを忘れないためだ。

両親は、姉のジュリーと私と妹のリアに、アメリカに対する熱烈かつ永続的な感謝をしっかりと植え付けた。両親は亡くなるまで毎年、アメリカに到着した日を祝い、アメリカに乾杯していた。私たち兄弟は、この国にいることの幸運をよく理解して育った。意欲さえあれば、チャンスは出生や宗教やそれ以外の何にも阻まれることなく、やりたいことをどこまででも制限なくできるのがアメリカなのである。

父は意欲的で、生まれながらの起業家だったが、ポーランドでの穀物商人としての成功を再現するのは難しかった。ポーランドではクエーカー・オーツが最大の顧客のひとつで、当時の担当者はいつも父に「当社にもあなたのような能力と仕事に対する姿勢がある人がほしい」と言っていた。そこで、父はシカゴに着くと職を求めてまずクエーカー・オーツを訪ねた。しかし大学を出ていなかったため、雇ってはもらえなかった。

父は、シカゴにたどり着いてから二年で穀物ビジネスをやめ、宝石の小売り会社を始めた。父の大叔父の力を借りて余った宝石を大量に仕入れ、それを中西部で販売したのだ。父は生産性の信奉者で、週に六日、毎日最低でも一三時間は働いた。また、仕事で一一の州を巡っていた。父にとって、ビジネスのカギを握るのはアクセス、つまり店に品物を並べることだった。父の英語はひどくなまっていたが、それでもみんなが断られた大手の小売店との契約を取り付けた。父の自信と仕事に対する姿勢と知性が伝わったからだ。

父は、このビジネスをじっくりと構築していった。父の信念は慎重さで、常にリスクを注意深く考慮していた。父のアメリカへの思いの裏には、真夜中に思いがけない惨事がのど元に迫ってくるような恐怖が常にあった。父も、難民独特の楽観と心配が入り混じった矛盾する思いを抱えていたのだ。そのため、常に「一方では前進し……他方では抑制する」という姿勢で暮らしていた。

このころ、父は出身や経歴がまったく異なる大勢の友人や知り合いや仕事関係者のなかで、長老的な役割を担っていた。父の助言や判断を求めて、みんなが父の元に集まってきたのだ。理由は、父が鋭い質問を投げかけ、話をしっかりと聞き、よく考えられた偏見のない率直な反応をするからだった。父がみんなの尊敬を集め、みんなにとって大事な存在で、みんなの生活に良い影響を与えていたことは、私に大きな印象を残した。

今日、私は自分の会社の社員や幹部だけでなく、子供たちや孫たちに対してもその役割を担いたいと思っている。問題を抱えている人がいたら、ゆっくりと散歩しながら、父がしていたようにソクラテス的問答法で話を聞いていくのだ。これは、数十億ドル規模の契約を取るのと同じくらいやりがいがある。

私が子供のころ、両親はポーランドから逃げてきたユダヤ人移民を継続的に支援し、受け入れていた。私の部屋に男性が数年間同居していたこともある。当時はまったく違和感を持っていなかったが、今だったらこうはいかないだろう。自分の子供に、子供部屋の半分を見知らぬ人に使わせてほしいと言うだろうか。しかし、当時はそういう時代だったし、両親はみんなの力になろうという強い気持ちを持っていた。

両親は、規律と集中力を持って仕事に臨み、成果を上げていくことを身を持って示していた。私が子供のころ、最も優先すべきは教育と宗教と高潔さ（誠実さと名誉を持った人物になること）だった。今日の基準で言えば、両親（特に父）は溺愛型ではなかった。子供を甘やかしたり、過度にほめたり、わざと負けてやったりするような世代でも文化でもなかった。みんなもそうだと思うが、私も小さいころから父と競うのが好きだった。そして、父はいつも手を抜かずに真剣に勝負してくれた。例えば、父はチェスの達人だった。私は父に習ってかなり強くなった。ある日、私は父を困らせようと、あと一歩でチェックメイトというシナリオを考えた。父が帰宅すると、すぐさま得意げにチェスボードを見せ、「これ見て、僕が考えたんだよ。逃げる方法は一つしかないけど分かる」と聞いた。父は肩をすくめると、その一手を指し、部屋から出ていった。私の完敗だった。父は、負けてくれたり慰めてくれたりする人ではなかった。

私はよく冗談で、「父が三四歳でポーランドから逃げるという生きるか死ぬかの決断を下してから一回も間違ったことはない」と言っている。父は非常に意思が強く、権威的だったが、私もあくが強い性格なので、よく対立した。父はいつも私を管理しようとし、私はダメだと言われるとイラ立った。そのため、父とはよくケンカもした。

それでも、私は父を大いに尊敬しており、それは絶対的なものだ。父が「私を愛さなくてもいいが、尊敬しろ」と言うので、私はその命令を文字どおり受け止めることにした。もし反論しなければ、無礼には当たらないし、私のちっぽけな威厳も保つことができるからだ。そこで、私は意見が対立すると、口をつぐみ、父と口をきかなかった。ときには何カ月も話をしないこともあった。そんなときの夕食はとても長く感じ、母はひどく嫌がっていた。このような状態が三カ月続いたこともあったが、きっかけは覚えていないし、どうでもよくなる。このようなことが何回もあった。結局、私は気に入らないことがあっても先送りし、父と衝突しないようにした。それが父が要求した尊敬だった。ただ、結局は母に促されて私が謝ることになった。母にこっそりと「サミー、こんなことをしていてはダメよ」と言われ、私が「でも間違っているのは父さんのほうだよ」と言うと、「分かってないわね。お父さんなのだから絶対に間違えないのよ」と諭された。

それから何年もあとのことだが、一九七〇年代になると、私は父と一緒にユダヤ人連盟が毎年開催する夕食会（私はこの会を「ビッグ・ジューー・ディナー」と呼んでいる）に出席するようになった。それは市中で最も有名なユダヤ人の資金集めの会合だった。毎年、父はかなりの額を寄付し、私もそれに倣って父よりも若干少ない額を寄付していた。私は事業が順調で、一九七九年には父よりも多い額を寄付できるようになっていたが、まず父の許可を得ずにはいられなかった。私は父に、「この金額を寄付しようと思うのですが、もし父さんがカボド（尊敬）を欠くと思うならばやめておきます」と言うと、「そんなことはないよ。素晴らしいことだ」という答えが返ってきたので、私は寄付をした。私は父に尊敬を示し、父も私を尊重してくれた。このことは父との関係における転換点となった。

とはいえ、私たちは似たような性格のせいで、よく衝突した。しかも、子供のころは、世代間の違いや、古い世界と新しい世界の価値観の違いによって対立はエスカレートした。私はアメリカに着いて最初に生まれた子供で、妹のリアは一九四九年に生まれた。私たちの基準は、両親のそれとは大きく違っていた。両親は、自分たちが大事にしている伝統的な価値観を子供たちが失っていくことをいつも心配していた。両親は、私たちが良い暮らしをし、なによりも良いユダヤ人になることを望んでいた。両親もアメリカは好きだったが、この国の豊かさや自由は危険もはらんでいると考えていた。両親は、私たちが規律を欠き、スポーツなどのつまらない活動に時間を割きすぎていると思っていた。父にとって、スポーツは仕事や勉強を邪魔するものでしかなかった。私が一〇代のころ、土曜の夜にバスケットボールの試合を見に行こうとすると、父は「先週行ったじゃないか。なぜまた見るのか」などと言うのだ。私が「楽しいからだよ」と言うと、父は重ねて言った。「この先、楽しいことをする時間はいくらでもある。今は集中すべきときだ。結果を出すんだ。正しい指導を受けて、世界の厳しさを理解しなければならない」

姉のジュリーが高校生のとき、こんなことがあった。姉はこのころボンスチューベンという学校に通っていた。ある日の午後、学校のバスケットボールチームが試合に負けたため、姉は泣きながら帰ってきた。両親は、どうしてよいか分からずおろおろした。娘が高校のバスケットボールの試合で負けて泣いているなどとは思いもよらなかったのだ。これは、両親がまったく持ち合わせていない感情だった。

私は、父が成果と楽しみを断固として区別していたことが、私にその正反対の行動をとらせることにつながったと思っている。のちに私は自分の周りに二つを融合させた世界を築いていったのである。

私の家は、もともと伝統的で厳格ではあったが、とても温かいところでもあった。毎晩、夕食を家族全員でとり、私が小さいころから世界情勢や政治やアメリカで現在起こっていることなどについて話をした。両親は、子供のために分かりやすく説明することはしなかった。タルムード式に比喩を使い、すべての教えは例やエピソードで伝えられるのだ。私は今日でも自分が伝えたいことをエピソードの形で話すことがよくある。

両親は非常にたくましく、大変賢かったが、若干、被害妄想的なところもあったのは無理もないことだった。父は紛れもなく家長であり、母は昔ながらに父を立てていた。これは単純に、両親が育った時代の役割分担で、母は人前でけっして父に逆らわなかった。私は長い間、母の服従的な態度を母の弱さだと誤解していた。しかし、あるとき父と二人で車で出かけたときに、父が母の強さを教えてくれたときのことはよく覚えている。母のほうが弱く見えた場面でも、実はまったく逆だったケースがいくつもあったのである。

私は、父が一九八六年に亡くなるまで、母の強さと回復力をよく分かっていなかった。このとき、母は七五歳だった。私は四五歳で家長になり、母の面倒を見る立場になった。私は毎日、世界のどこにいても母に電話を掛けた。私は電話の声で何かあれば必ず分かるため、あとは母があきらめて何が問題か白状してくれるまで聞き続けた。父が亡くなってから、母はより近い存在になった。

父が亡くなってから一年間、母はあまり家の外に出なかった。しかし、父のヤールツァイト（一回忌）が終わると、母は私を呼んで、喪が明けたので何か新しいことを始めると宣言した。私が母を郊外の家から都市部のアスター通りにあるペントハウスに移すと、母は過去を振り返ることなく都会生活を始めた。私が知らないうちに、同じ建物に住む友人ができ、オペラや映画や夕食に出かけていった。父が生きていたころにはしたことがないことばかりだ。

母は新しい人生を始めたが、厳格なところは変わらなかった。言うべきことがあるときは、甘口や不満を交えずはっきり言う。また、動じない決意は、言葉よりも行動で示した。母は、私にしてほしいことがあると電話を掛けてきて、たいてい次のような会話が交わされる。

「やあ、母さん」

「サミー、木曜日はデビッドの息子のブリス（割礼の儀式）よ」

「知ってるよ。でもその日は出張なんだ」

「サミー、木曜日はデビッドの息子のブリスよ」

「知ってるよ。でも、その日は予定があってシカゴを離れているんだ」

「サミー、木曜日はデビッドの息子のブリスよ」

「分かりました。行きます」（ためいき）

母の価値観もまったく変わらなかった。そのひとつが倹約だ。母は、無駄や浪費に敏感で、私たち兄弟は新しい物を買うとき、いつもその価値と本当に必要かどうかをよく考えるよう教えられた。この倹約精神は母のなかに刷り込まれており、家族がかなり裕福になっても、一〇〇ドル以上の買い物には難色を示した。


ある夜、私の家で食事をしたあと、車で送ろうとすると、母は理由もなく断った。

「それならタクシーを呼ぶよ」

「いらないよ。ウォルグリーンズに行く用事があるから」（ウォルグリーンズは近所のドラッグストア）

そして、母は帰っていった。

翌週も母が食事に来て、同じ会話が交わされた。

「車で送っていくよ」

「いらないよ」

「それならタクシーを呼ぶよ」

「必要ないよ。ウォルグリーンズに行く用事があるんだから」


三回目に同じ会話が交わされたとき、私は母のあとをつけ、母がウォルグリーンズの前からバスに乗り込むのを見た。母は私を煩わせたくはなかったが、シルバーパスを使えば五〇セントでバスに乗れるのに、タクシーに三ドルを払うのも我慢ができなかったのだ。母の住まいはバス停のすぐ近くなのだ。母にとってお金の価値は絶対的なもので、難民はそのことをけっして忘れないのである。

別の夕食会では、母が妹のリアに着ている服の値段を尋ねた。妹が一〇〇〇ドルくらいだと言うと、母は怒り狂った。服ごときにそんな金額をかけるなど問題外だった。姉も妹も非常に洗練された服を身に着けており、二人は母の過度な倹約精神にいつもイラ立っていた。そして、母に物の値段をあまり言わなくなっていった。

ちなみに、私は自分が倹約家だと言うつもりはないが、母の精神も忘れたことはない。私の義理の息子は、私たちが出会ってすぐのころの話をよくする。あるとき、私は彼（当時は娘の婚約者だった）と二人で、妻と娘が食料品店から出てくるのを待っていた。退屈した私たちは、小さな眼鏡店でサングラスを眺めていた。私がひとつを掛けてみるとぴったりで、なかなか似合うということで意見が一致した。しかし、値札を見て反射的に棚に戻した。「サングラスに二〇〇ドルだって。冗談だろう」

両親の経験は家庭環境を形成するのに大きな役割を果たしたため、私は友人たちとは異なる見方をするようになっていた。自分はほかの子たちとは根本的に違うのだと痛感した瞬間は今でもよく覚えている。私は八歳で、土曜日にシナゴーグ（ユダヤ教の礼拝堂）から歩いて帰っていた。当時ははっきりとは分からなかったが、私はより全体を広く見つめ、強い責任感を持ち、自分の脳こそ最も強力な資産だと確信したのだ。

私は、友だちと遊ぶときでさえ必ずその戦略を用いていた。とはいえ、当時はそれがどういうことかははっきりとは分からなかった。例えば、「泥棒と警察」をしたり、戦争ごっこをしたりするときに、だれかが「突撃」と叫んでも、私はがむしゃらに進むのではなく、少し下がって相手の注意をそらしておいてから、こっそり敵の背後に回って驚かせたりした。私にとっては相手が予想しないことをするのが楽しく、遊びでさえも、それは知的挑戦の連続だった。

また、好奇心が旺盛な私は小さいころからシカゴの家の近くをひとりで歩き回り、自分はここで生まれるべくして生まれたと感じていた。私が一一歳のとき、家族はシカゴ北部の比較的裕福な層が暮らすハイランドパークという郊外の町に引っ越した。私は新しい環境に慣れるのに苦労した。都市部のエネルギーと人目が多い環境が恋しくてたまらなかったのだ。

それを救ってくれたのがヘブライ語学校だった。当時、ハイランドパークには「シナゴーグライト」という非常に基本的なユダヤ教の教育プログラムがあったが、両親は私をシカゴのノースサイドのシェリダンロードとファーウェル街にあるイェシバ（ユダヤの神学校）に電車で通わせることにした。私はここで、週四日と日曜日に学んだ。しかし、一二歳の私は、友だちがボール遊びをしたり乗馬をしたりしているときにヘブライ語を勉強しなければならないことが嫌でたまらなかった。

それでも、シカゴの都市部に通えるのはうれしかった。初めて電車で登校する日、同じ電車に、レイクフォレストにあるウッドランド・アカデミー・オブ・ザ・シークレット・ハート（カトリックの学校）に通う一七歳の女学生が八人乗っていた。一週間ほどたつと、彼女たちは私を待って一緒に三〇分ほど乗車するようになった。私は彼女たちのマスコットになっていたのだ。私は、普通の一二歳の男の子よりも人生に真剣に向き合っており、それが彼女たちの共感を得る助けになったのではないかと思う。いずれにしても、まだ一二歳だった私のイェシバ通いが、彼女たちのおかげでずっと楽しくなったのは言うまでもない。

ヘブライ語学校が終わったあとは比較的自由だったので、市内を歩き回った。街は私に無限の刺激を与えてくれた。こんなとき、私は本当にシカゴが好きだと思う。この街は、魅惑的で、人であふれ、スピード感があり、興味を引くものがたくさんあり、色とりどりの店や人、あらゆる眺めや臭いや音など、ハイランドパークにはないものがあふれていた。それが私の大局観を押し広げ、普通以上のことを考えろと私を奨励してくれた。

さらに、街歩きは私の初めての起業家的な冒険にもつながった。あるとき、いつものように街を観察していると、高架鉄道「L」の下にニューススタンドを見つけた。ときは一九五三年、マリリン・モンローが表紙を飾る「プレイボーイ」という刺激的な新雑誌が創刊されたばかりだった。値段は五〇セントだった。私はすごいものを見つけたと思い、一冊買った。持ち帰って、ハイランドパークでは売っていなかったこの雑誌を友だちに見せた。すると、一人がこれを買いたいというので、即座に「三ドル」と答えた。それから私はちょっとした輸入ビジネスを始め、ビジネスの永続的な教訓を得た。希少性があれば、値段は関係ないということだ。これは、需要と供給の基本原則であり、のちに私の投資理念を支配する原則になった。

ティーンエイジャーになった私は、あとから振り返るとかなりませていて、確固たる意見を持っていて、それをよく友だちに話していた。あるときだれかに「サム、君は生まれつきのおじいさんみたいだね」と言われた。そのとおりだと思う。友人たちの経験した世界は、私のそれよりも狭いように見えた。彼らの両親は、私の両親ほど子供に挑戦させていなかった。また、子供に遊んでばかりいるのは不真面目なことだと教え込んでいなかった。しかし、友だちとはスポーツでつながっており、この乖離はあまり問題にはならなかった。私は野球とアメフトに熱中していたのだ。ただ、みんなが試合の様子を事細かに延々と話していると、私は退屈した。ちなみに、わが家の女性陣、つまり母と姉と妹はかなりのインテリで、いつも世界情勢や政治やビジネスについて話をしていた（私が昔も今もおしゃべりが苦手なのはそのせいかもしれない)。私は、頭が良くて興味深い女の子を好きになる傾向がある。うちの女性たちのようなタイプだ。

私はこのようなことを一四歳のある日、突然自覚した。高校一年(日本の中学3年)のとき、私は大勢の友だちと昼食をとっていた。みんな、だれがだれを触ったとかちょっかいを出したなどという話を延々としていたが、私は自分がまったく冷めていることに気づいた。もちろん、私も女の子に関心はある。しかし、このたぐいのおしゃべりにはまったく興味がなかった。一般的な話ならばよいが、具体的な話をするつもりはなかった。私はかなり用心深かったのだ。一〇代のころはみんなとうまく合わせようとするものだが、私にとってそれはさほど重大なことではないということに、そのとき気づいたのだ。私は、必死でみんなとの共通点を探すよりも、少し離れているほうが居心地が良かった。常識と言われることに反するのも平気だった。そして、そのことがのちに私の仕事を形作っていくことになった。

この時期、もうひとつ重要な発見があった。自分はリーダータイプだと気づいたのだ。群衆の一人になって指示される方向に行くのではなく、私は自分で進路を決め、みんなを従わせることができたのである。

一二歳になると、私はウィスコンシン州北部で行われていたキャンプ・ラマ（ユダヤ人の子供のためのヘブライ語キャンプ）に行くようになった。当時、このキャンプは始まってまだ六年目だったが、今日も続いている。実際、私の孫たちも何人か参加している。私が参加したときは、一二五人くらいの子供たちが来ていた。ここでの経験が私を大きく変えた。このキャンプにはしっかりとしたプログラムがあったが、子供たちの持つスキルを十分引き出すくらいの緩さもあった。

ラマの特徴は、初日から参加者を大人として扱うことだった。私たちはみんな責任ある市民とみなされるのだ。独立心が旺盛で、束縛されるのを嫌う子供にとっては天国だった。また、年齢の低い子から高い子まで入り混じっていたため、最初からグループができることもなかったし、最初から決められた役割もなかった。私にとっては、本当の意味で初めての能力主義の場だった。何もしがらみがない場に立たされたのだ。日常生活においては、必ずしも思い通りになるわけではない。学校での力関係、親のハードルなど、さまざまな障害があった。しかし、このキャンプでは違った。毎年八週間、私はだれにも縛られることのないリーダーだった。このことは大きな自信になり、より大きな将来の可能性が垣間見えた気がした。私はほかの子たちを迷わせるのもうまかったが、いずれにしてもみんなを率いていた。

一七歳になると、私は指導助手になり、かなり調子に乗っていた。別の指導助手の子と仲良くなり、休みが合う日に一緒に出かけるようになった。だれにもどこに行ったか聞かれない二四時間の完全な自由時間だ。そこで、私たちはウィスコンシン州をヒッチハイクで周ることにした。あるときは時間を忘れ、夜中に州堺に近いフローレンスまで行ってしまった。車が一台も通らないため、途方に暮れた私たちは歩いて中古車展示場に行き、そのなかで寝た。探検は最高だが、帰ってこれることが前提だ。

みんなはよく、私が「たたき上げ」かどうかを知りたがる。彼らはたいてい私の親が金持ちだったかどうかに関心がある。答えはノーだ。私の親は金持ちではなかった。両親がアメリカに到着したときの資産は、今日の価値で一万ドル程度だった。しかし、私が子供のころ、父は新たに起業家としての地位を固めていた。そして、亡くなるころにはかなり裕福になっていた。父の事業も成功していたし、私も成功していたからだ。先の質問が面白いのは、両親がお金よりもはるかに大事なものを残してくれたことだ。両親から受け継いだ知性、好奇心、やる気、回復力、決断力などである。両親は、学ぶことと、それを現実の世界でどのように応用できるかを理解し、慣習を疑う（みんなが止まるときには逃げ、リスクを知り、準備をする）ことの重要性を私に教え込んだ。私は自分が「たたき上げ」だと思っているが、その一方で、私の価値観を形成し成功に導いてくれたのは両親の影響が大きいとも思っている。

両親は、私に手に職をつけてほしいと思っていた。最悪な事態が起こったときに、身を助ける何かだ。両親は、それがさらなる経済的な安定につながると考えていた。私は、一時はラビ（ユダヤ教の宗教指導者）になろうと思ったこともあったが、それを言うと父は驚愕した。最悪な仕事だと思っていたのだ。父は、なぜそれがユダヤ人の良い子の目指す仕事になり得るのかまったく理解できなかった。仕事についてはずいぶん父と話をした。そして、私は自分の将来を探っていった。

私は自分がどこに向かっているのか分からなかったが、いつものようにやる気は十分だった。

第2章

怖いもの知らずのスタート

私は、最初から学生時代に仕事を始めようと思っていたわけではない。目の前にあったことをしただけだ。アイデアが浮かび、ただそれを実行しただけなのである。

私は一九五九年にミシガン大学に入学し、政治学を専攻した。そして、翌年にはアルファ・イプシロン・パイ（AEPi）というフラタニティと誓約し、入寮した。これはのちに公開された映画「アニマルハウス」のような世界だった。ここは何でもありの世界で、みんな好き勝手なことをしていた。入寮とほぼ同時に私の成績は急落し、コーシャー（ユダヤの戒律にのっとった食事）をとるのは不可能になった。しかも、ここにはプライバシーがまったくなかった。個人的なスペースが存在しなかったのだ。私のような一匹狼タイプにとって、これは大問題だった。結局、私は六週間でここを出て、キャンパス外のアパートに引っ越した。ここならば、ＡＥＰｉ以外の友人も呼ぶことができた。

私はじっとしていられない学生で、勉強熱心とは言えなかった。ちなみに、姉と妹は非常に優秀で、成績はオールＡでファイ・ベータ・カパ（優秀な学生に送られる身分）を得ていた。両親は、唯一の男子が期待に応えていないことを非常に心配していた。父は、Ａを取れば一つにつき五ドルをくれるとまで言ったこともある。父は、私に学びたい意欲がないことを理解していなかった。ただ、両親をがっかりさせたくはなかったし、姉と妹が設定した高すぎる基準もよく分かっていた。それでも、ある年、会計の授業でＤを取ってしまった。このときは、会計の原則が理解できなかったのではなく（むしろよく理解していた）、それに付随する細かい規則に腹を立てたことが原因だった。ある試験で、「売り上げ」に関する列に「収益」と書いたら×になった。私が「なぜ間違いなのですか。収益と売り上げは同じでしょう」と文句を言うと、教授は言葉の意味にはまったく言及せず、「売り上げと書かなければ間違いだ」としか答えなかった。私に言わせれば、暗記学習のほうが間違っている。

自由な時間は、アメフトや野球だけでなく、デートもたくさんしたし、キャンパス行事や、くだらないことや、父に言われたことなどをしていた。ただ、自由の定義が父と私ではかなり違っていた。

私の自由時間には、赤いクッシュマンのスクーターに乗る時間も含まれていた。ただ、キャンパス内で駐輪許可がおりるのは四年生と大学院生に限られていたため、三年生以下はたいてい徒歩か自転車に乗っていた。しかし、私のスクーターは、私の放浪癖に欠かせないものであり、生涯のバイク愛の原点でもあった。私は年齢が上がるにつれ、より速くて高いバイクに買い替えていった。そして、大学を出て二〇年ほどたったころからは、会社の同僚や友人たちとゼルズエンジェルスというグループを組んでツーリングを楽しむようになった。今でも毎年二回、一回は男性のみ、もう一回は妻も一緒に出掛けている。世界中の曲がりくねった道や素晴らしい景色を求めて、バイクで走り回っているのだ。私にとって、バイクは自由を物理的に示すもので、一週間ヘルメットをかぶっていても平気だ。乗っているときは、道路と行き先しか考えていないため、頭をすっきりさせるのにこれ以上の方法はない。

話を戻すと、大学二年が終わって一九歳になっていた私は、夏休みにヘブライ語キャンプ以外のことをしたいと思った。しかし、両親の同意を得るためには、何かしら勉強とかかわることでなければならないことも分かっていた。「教育」とつくことをやらされるくらいならば、エンパイアステートビルから飛び降りたい気分だったが、そんなことで動じる親ではない。そこで、私は友人とＵＣＬＡ（カリフォルニア大学ロサンゼルス校）のサマープログラムに申し込んだ。これは六週間のコースだったが、両親には八週間だと伝え、残りの二週間を使ってヒッチハイクでアメリカを横断しようと考えたのだ。これが反抗だったのか防御策だったのかは分からないが、両親に心配はかけたくなかったので、この旅の話はしなかった。ただ、この二週間の冒険のチャンスを逃すつもりもなかった。

友人と私はロサンゼルスを出てから一七日間、二〇〇回以上のヒッチハイクを重ねて約一三〇〇〇キロを旅した。

ミシガン州のトレーナーとバミューダパンツというでたちの二人の学生を、驚くほどたくさんの人たちが車に乗せてくれた。そして、みんなとても親切だった。家に呼んでくれたり、夕食を食べさせてくれたり、ホテル代を出してくれたり、水上スキーをさせてくれた人までいた。この旅は、私の人生に計り知れない影響を及ぼした。それまでとはまったく違うアメリカとの本当に特別なつながりを体感した旅だった。また、このとき感じた人の本質は、今でも私の人との接し方に影響を及ぼしている。

ニューヨークにたどりつくと、私は友人と別れてシカゴに向かった。最初に車に乗せてくれた男性は、ペンシルベニア・ターンパイク（高速道路）で山を越えて西に向かおうとしていた。三五度の気温のなか、森林地帯を走っていると、トンネルを抜けたところでラジエーターがオーバーヒートして、水と蒸気があらゆるところから噴き出してきた。私は心のなかで、「くそっ、この車はもう使えないな」とつぶやいた。運転していた男性は何も言わずに車を寄せた。無口なタイプの人だった。乗せてくれる人たちのなかにはそういう人も少なからずいた。何時間も同乗して一言も話さないこともある。男性は車から降りて車の後部のトランクを開け、携帯用のガソリンタンクを取り出すと、まっすぐ森に入っていった。私は訳が分からずあとをついていった。森に入って一四〇〇メートルほど歩いただろうか。突然目の前に美しい小川が現れた。男性はしゃがんでオイルタンクに水をくむと、車に戻ってその水をラジエーターにかけ、問題は解決した。私たちは車に戻り、また走り始めた。私はしばらく何も言えなかったが、やっと「どうやって川の場所が分かったのですか」と聞いた。男性がちらっと私を見て言った言葉は今でもよく覚えている。「あそこに小川があることは知らなかったが、山のなかだから近くに水源はあるはずだ。それが見つかるまで歩けばいいいと思ったんだ」

ハイランドパークで育ったユダヤ人の少年にはまったく思いつかない答えだった。もし私の車がオーバーヒートしたら、手を振って車を止め、牽引車を呼んでもらうしかなかっただろう。この男性には、私のまったく知らない感覚と論理が備わっていた。そして確信していた。これこそがお金で買えない価値だと言える。

これは忘れられない経験となった。人はその人のいる環境のなかで見ると非常によく分かるという価値ある教訓を得たからだ。今日、私がだれかと会うとき、ほとんどの人が私の会社に来てくれるが、それでは相手のことがあまり分からない。そこで、私は自分の飛行機で年間約一〇〇〇時間を費やし、世界中の取引先に会いに行くことにしている。相手が自分の本拠地でどのような様子で、どのように社員と接し、どのような態度をとっているのかを見たいからだ。

私が大学三年のとき、友人のアパートに遊びに行くと、そこの大家がすぐ隣の家を買ったという話を聞いた。大家は二件を壊して一五室ある学生用アパートに建て替える予定だという。

私は「それなら僕らが管理人を買って出よう」と提案した。「僕たち以上の人材はいないよ。学生のほうが学生の希望は分かっているのだから。僕らが運営と管理を行って、代わりに家賃をタダにしてもらおう」

私たちは、アパートの管理も賃貸の仕方も知らなかった。必要な知識など、まったく持っていなかったのだ。ただ、自分がそれをできないとも思わなかった。できるはずがないということを知らなければ、参入障壁は劇的に低くなる。それがこれまでプロの管理会社がやってきた仕事で、学生に任されたことがないことなど関係なかった。リスクをとって、自分の限界を試し、「なぜダメなのか」と問いかけることは私の遺伝子に組み込まれており、そのことは当時も今もあまり変わっていない。

そこで、私たちは簡単なパンフレットを作って大家を訪ねた。驚くべきことに、大家がこの提案を受けた。そして、私たちは最終的に当初の内装を完全にデザインし直すことになった。大家は、おばあちゃんの家にあるような時代遅れのひどい家具を注文していたが、これが大学生にアピールするとはとても思えなかった。私たちも具体的な考えは持っていなかったが、少なくとも学生が実家のような環境を望んでいないことだけは分かっていた。私たちは家とはまったく違うところに住みたいのだ。当時、クールと言えば北欧風だった。そこで、私たちは大家が注文した家具をすべてキャンセルして、すっきりしたモダンな家具に変えた。理論と直感だけでしたことだが、これがうまくいった。この管理契約が、私の初めての不動産事業となった。

そのあと、この大家は二件目の学生アパートを建設し、それも私たちに管理を任せてくれた。そして、三件目も任された。そこで、私たちは友人のボブ・ルリーを仲間に引き入れた。最初の従業員だ。ルリーは、いつもＩＢＭのパンチカードを胸ポケットに入れており、それでリストを作っていた。彼は物静かで、プラグマチストで、縁の下の力持ちタイプで、素晴らしい記憶力の持ち主だった。そして、運用上の細部に関心を払うことに関心がない私を強力に補完してくれるだけでなく、私のエネルギーと激しさも受け止めてくれた。私たちはどちらも物おじせず、よく働き、独立的な思考ができ、みんなに合わせるのが苦手で、人にどう思われても平気だった。また、成熟度や責任感や自虐的なセンスも似ていた。私たちが素晴らしいチームになれることはすぐに分かった。

私は、アパートの管理だけでなく、さまざまなビジネスのアイデアを出していった。当時の副業のひとつは、フラタニティの「兄弟」に代わって、プロム（学年末のダンスパーティ）の相手にプレゼントを贈るビジネスだった。最も人気があった商品は約三〇センチの笑った蛇のぬいぐるみで、首にはフラタニティのマークが入ったリボンが巻かれていた。パーティーの日が近づくと、私の部屋は蛇とリボンと箱でいっぱいになり、私はひたすら蛇の首にリボンを結んでいった。こんなとき、私は生産性を上げることだけを考えて作業していた。当時はまだ小さい規模だったが、経済的な成功が自由をもたらすという両親の教えが頭にあった。

私はさまざまなビジネスをしていたが、大学時代に雇用された「仕事」は一つしかない。大学三年と四年の夏に、巡回販売員としてヘレンカーチスの製品をドラッグストアやスーパーマーケットに売り込む仕事だった。始めたときは化粧品についてまったく知らなかったが、売り方のコツは分かっていたし、学ぶのも速かった。私は夏のみの契約だったため、最悪のところばかり行かされた。勧誘電話やアポなし訪問で物を売ったことがない人には分からないかもしれないが、これはかなりプライドを傷つけられる仕事である。ほとんどの答えはノーで、多少強めに断る人もいれば、露骨にきつく断る人もいる。拒否されることへの耐性をつけていくしかない。そのうちに、質問を続け、何とか会話を続けていく方法が見えてくる。そして、もし会話を始め、続けることができれば、チャンスが見つかる。

私は、暑いなかをエアコンのない車で何千キロも走った。そして、毎日午後四時半になると、もう一件行くかどうか悩み、結局は行った。私は、自分が割り当てられた渋い客から最高の成績を上げようと決めていた。それに、最初にこの仕事をくれた人たちに恩を返し、強い印象を与えたいとも思っていた。

ちなみに、当時はまだ理解していなかったが、この仕事の本当の報酬はお金ではなかった。拒否されることに慣れたことが、最大の収穫になった。私はあとになってから、拒否されるのを何とも思わなくなることが、起業家になるための基本的な資質だということに気づいたのだ。

私は、大学を卒業して一〇日後に結婚した。妻のジャネットと出会ったとき、彼女はフラタニティーの兄弟と付き合っていたが、その翌年から私と付き合い始めた。それから約二年で結婚し、私が管理していたアパートで暮らし始めた。

そのころには、自分はいっぱしの事業主だと思っていたが、それでもそれらは私にとって副業にすぎなかった。前にも書いたとおり、両親は私が手に職を付けることを望んでおり、それが私が進むべき道だった。そこで、私はミシガン大学法科大学院に進学したが、すぐに後悔した。この大学には十分長居した気分だったし、法科大学院は信じられないほどつまらなかった。私は、難解で細かいことに注意を払い、無数の法律やその下に連なる法律、またその下の法律を覚えることがとにかく苦手だった。

もちろん、のちに複雑な取引をするようになると、法律の知識は非常に有益だった。どのように評価し、どのように考え、どこで線を引くかが分かるようになったからだ。この知識は、今日に至るまで毎日のように役に立っている。私は仕事を始めてからずっと社会通念に抵抗し、自分のやり方を貫いてきた。しかし、それをするためにはゲームのルールと限界を理解していなければならない。それができなければ、スクリメージライン（その時点で超えてはいけない線）がどこか分からないアメフト選手のようなものだ。みんなの位置が分かっていれば、プレーできる。結局、私はうんざりするほど退屈だった法科大学院を、今では大いに推奨している。ちなみに、当時、つまらない勉強の息抜きとなったのが、不動産の仕事だった。

私が一九六五年に初めて買ったビルは、ミシガン大学のあるアナーバーにあった。私は法科大学院の二年生だった。物件はシビル通り九一二番地にある全三戸の集合住宅で、代金の一万九五〇〇ドル（頭金一五〇〇ドル）はアパート管理で貯めた資金でまかなった。私は、壁を塗り替え、家具をすべて入れ替え、家賃を倍にした。それから二～三カ月後には、そのすぐ近くのビルと、その間にある家も買った。私は、さまざまな事業で得た蓄えがあり、これらの初期の投資を自己資金と銀行借り入れを組み合わせて自力で行った。

三つ目の買い物は大きな一軒家だった。私は、建築家と小さな建設会社と組んで、これを四戸のアパートに作り替える計画を立て、銀行で改修費用を借りた。私は政治学の学士号を持つ二三歳の若者で、資金繰りについては何も知らなかった。しかし、投資ビジネスを始めるには若すぎるとか、できるわけがないなどとは微塵も思わなかった。そして、何も分かっていないながら銀行を説得してしまった。この物件は、私たちの管理会社が引き受け、改修して賃貸に出した。これは非常にうまくいった。

次に、私たちはミシガン州イプシランテにあるイースタン・ミシガン大学の大規模な管理契約を獲得した。この取引は、私たちの事業を、チャンスもリスクも大きく変えた。規模が拡大したことで、地元の不動産市場にも認識されるようになったからだ。すると、その年の終わりに私たちの評判を聞いて、友人が電話してきた。大学を出たあと裁判所で書記をしていた友人が、不動産について助言を求めてきたのだ。彼は父親がキャンパス外のゲディース街に買った家を持っていたが、地元のデベロッパーから一平方フィート（約三〇センチ四方）当たり三ドルで買いたいという申し出があり、どうすべきか迷っていたのだ。

私は、「すぐには分からないが、調べるよ」と言って電話を切った。そして、地元の不動産業者にこの物件の価値を聞いた。そのうちの一人が、ドン・チゾムだった。彼が、この物件ならば一平方フィート当たり三・五ドルでも元が取れると言うので、私はナゾムと組んでこの物件を手に入れることにした。友人に電話をかけ、「チゾムと私で三・五ドル出す」と言うと、話がまとまった。ただ、この土地はビルを建てるほどの広さはなかった。当時、アナーバーでは最低でも二区画はないとビルを建設することができなかったのだ。そこで、私はチゾムに隣の家も買うことを提案し、実行した。そうなると、「もっと買おう」ということになり、あと何件か手に入れた。

このときの交渉役は私だった。買いたい家を戸別に訪ね、応接間で家族の写真を見ながらその家の人に、私たちが学生アパートを立てる計画で、そのまま住んで夜のうるさい音楽や、芝生に投げ込まれるビール缶を我慢してもよいが、アナーバーの別の地域に住み替えることもできると話すと、みんな応じてくれた。私は家を買い続け、結局、道路に囲まれたまとまった土地を手に入れた。これらの家は、一件に付き手付金をすべて現金で一〇〇〇ドル、最終的には二万ドルを支払うことになっていた。

家を買う交渉をしているときに、私は人に関する忘れることのできない教訓を得た。私が順番に家を買う交渉をしていると、家の持ち主が「隣の家は一万八〇〇〇ドルで買ったのに、うちにも同じ額を提示するのはどういうことか。うちのほうがずっと良い家だ」などと言ってくるのだ。

そこで、私は「私たちが欲しいのは土地なのです。この場所をまとめて開発したいのです。家は壊すことになるので、良い家かどうかは関係ありません」と説明した。

しかし、相手は「うちのほうがずっと価値があるのだから、もう少し高く買ってほしい」と言ってくる。

そこで、私も「もしお宅に余計に払うと、隣の人がもっと払えと言ってきます」と言う。するとと相手は、「もう少し高く買ってくれたら、だれにもそのことは言わない」と言ってくる。

私は愕然とした。自分が純真だというつもりはないが、この考え方は私の家ではあり得ないことだった。彼は二五年間仲良くしてきた隣人を、わずか一〇〇〇ドルで裏切ろうというのだ。結局、私は彼らに最初に提示した価格しか支払わなかった。隣人にウソをつくこともできたが、それをするつもりは毛頭なかった。これも忘れられない経験になった。

一九六五年、ゲディース街の家を買っている最中に、チゾムが夏の間、州兵に招集された。彼が戻ってきたとき、私は八件の家に一〇〇〇ドルずつ手付金を支払っていたが、契約を終了するための資金がなかった。一六万ドルが必要だったが、手持ちの資金は六万ドルしかなかったのだ。現金が欲しかった私は、父をアナーバーに招待した。父は長年をかけて不動産投資でも成功していたため、私は折につけて事業の経過を報告していた。

私は、アナーバーに車で来た父に物件を見せ、そのあとチゾムに会わせた。チゾムは父に、物件の三分の一を買ってくれないかともちかけた。父は断った。父は対等な取引しか応じるつもりはなかった。チゾムは時間が欲しいと言って、その日は別れた。父が泊まっていたホテルに戻る途中で、あとをついてくる車がいることに気づいた。車を寄せると、うしろの車からチゾムが飛び出してきた。そして、父に握手の手を差し出した「ゼルさん、五〇％で結構です」。この投資に父を招き入れ、父もそれを承諾してくれたことは大きな自信になった。子供はみんなそうだと思うが、私も父の承認が欲しかったし、本物のビジネスマンとして見てくれたことは私にとって画期的な出来事だった。父は不愛想な人で、昔の人間特有のストイックさがあった。よくできたと言葉をかけてくれることはけっしてなかったため、私は賛同してくれるなどの小さなサインから判断するようになっていた。

このブロック（道路で囲まれた一画）で最後に残った家は、二件分の土地を持っており、単独でビルが建てられるため、この辺りのデベロッパーはみんなこの家を買おうとしていたが、だれも成功していなかった。しかし、私は自分ならできると思った。これも単純に解決すべき問題があるというだけで、物事を違う角度で見る練習にすぎない。私にとって、楽しみはこうして始まることが多かった。

この家に住んでいたのは、ミセスDという五五歳の女性と六〇歳の夫で、夫はフーバー・ボール・アンド・ベアリング・カンパニーに勤めていた。物件の所有者は、シカゴに住む妻の裕福な伯父だった。彼は、かつて病気の母親の面倒を見てくれた姪にこの家を貸していたのだ。ちなみに、その母親はすでに亡くなって、すぐ近くの墓地に埋葬されていた。

私はミセスDを訪ね、いつもの説得を始めた。まず、この区画にはこれから大型の学生アパートが建設されるのだから、売ったほうがよいと説明した。そして、うるさいパーティーなどのマイナス要素を絵で示した。その一方で、この土地の価値を考えれば、町の反対側にもっと良い物件を買えるとも言った。すると、彼女は家の所有者である伯父と話をしてほしいと答えた。この伯父は大きなエネルギー会社の社長で、シカゴに近いウィネトカにある高級住宅地のインディアンヒルズに住んでいた。ミセスDと交渉したデベロッパーには、必ずこの障害が立ちはだかった。

私はこの伯父に電話をかけ、ウィネトカの自宅で会う約束をとりつけた。私は彼に、「私はすでに周りの家をすべて買い取っています。ここに学生アパートを建てるつもりなので、この辺りは学生があふれることになります。あなたの姪御さんは五五歳で、夫は六〇歳、家は築一〇〇年近く、かなり傷んでいます。同じ価格で非課税スワップを使い、町の反対側のもっと大きくて良い家に姪御さんを住まわせてあげませんか」ともちかけた。

彼は頷くと、「追加の資金も税金もかからないようにできるならば任せる。唯一の条件は、姪が気に入る家を探すことだ」と言った。

私は、もうこの話は決まったも同然だと思い、アナーバーに戻るとミセスDに支払うつもりの三万二〇〇〇〜三万四〇〇〇ドル程度の家を五件探した。これらはどれも美しく、ミセスDの家よりもはるかに良い家だった。私は彼女をこれらの家に案内し、彼女は一軒ずつ見て回ったが、一言も発しなかった。まったく反応がないのだ。最後に彼女を家に送っていくと、家のすぐ手前で街燈につかまってゆらゆら揺れている男がいた。私が男を指差すと、「あれは私の弟よ。彼も一緒に住んでいて、毎晩バーにでかけるの。だから今日見た家はすべてダメなのよ。彼は運転ができないから、街のバーに毎晩歩いて行って、酔っぱらっても歩いて帰ることができる八ブロックくらいの距離でなければ無理ね」と言うのだ。

これは私たちが「主要な未知の要素」と呼ぶ事実だった。

私は、「大丈夫です」と答えた。このあと何度もこう答えることになる。

私は、売り家のリストを見直し、街から八ブロック以内の家を新たに見つけた。これで完璧だ。この家も二区画あり、現在の家と同じ大きさだった。電気式の新しい暖房設備も備えており、値段も一万九〇〇〇ドルと安かった。ミセスDを案内すると、彼女も気に入り、購入の手続きを始めた。ところが、翌日になってミセスDから電話があり、「ゼルさん、主人と前から話していたのですが、弟と一緒に住むのはやめました」というのだ。

私は「大丈夫です」と答えると、「二階を改修して、弟さんが一人で住めるようにしますよ」と言った。

それに対して、ミセスDが言った。「階段があるから無理よ。一晩中飲んで帰ってきたときに、階段は上れません」と言うのだ。

私は再び「大丈夫です」と答えた。

私は建設業者に相談に行くと、この家の地下室は天井が四メートル以上あることが分かった。そこで、この弟のために完璧なワンルームのアパートを設計した。これならば、階段を五段降りるだけで自分の部屋に行ける。そのうえ、ガレージの上にもう一部屋あり、そこから家賃収入も得ることができる。

ミセスＤが承諾してくれた。

私たちは設計の細部をつめ、月曜日の朝七時から工事を始めることにした。ところが、日曜日の夜一一時にミセスＤから電話があった。「ゼルさん、主人と話していたのですが、やはり弟を地下室に住まわせることはできません。間違っていると思うし、私たちも気がとがめます」

「大丈夫です。明日うかがって相談しましょう」

この家は価格がわずか一万九〇〇〇ドルで、二区画あったため、ほかにもできることはあった。私は、家のすぐ隣にワンベッドルームのアパートを増設することを提案した。しかも、家に入ってまっすぐ行くとシャワールームに着くように設計した。これにはミセスＤも喜んだ。こうして、このブロックの最後の区画の買収が完了した。

このケースは、私が仕事における粘り強さの価値を十分理解した出来事として、今でもはっきりと覚えている。障害があっても、それを克服する方法は必ずあるという意気込みで臨めば、あとはその方法を探すだけだ。このことは、起業家としても、それ以外のことでも、成功するための最も基本的な原則かもしれない。

また、ミセスＤの家の件は、話をしっかり聞くことの価値も教えてくれた。このことは、あらゆる交渉における核心部分だと思う。相手がさまざまなことを言うなかで、本当に大事なことが何なのかを理解しなければならない。ミセスDは弟の面倒を見なければならなかった。彼女にとってはそれが最も大事なことであり、それを解決したことでこの契約をまとめることができた。

その週の終わりに、私たちは一九六〇年代風の「フリーアート」パーティーを開いた。買収した八軒の地下にあった古いペンキ缶を一つの家に集め、約三〇人で大騒ぎしながらジャクソン・ポラック気分で家中にペンキを壁に塗り付けていったのだ。これは、大変だった過程をしめくくるのにふさわしい陽気でふざけたイベントになった。

私たちは、最終的に隣り合った一〇軒以上の家を所有することになり、大学の近くで単独の所有者としては最大の土地を手に入れた。この土地は翌年、買収金額の総額をはるかに上回る額で売れた。買い手はそこに大きなアパートを建て、今でもその場所（ゲティース街のリンデンストリートとオクスフォードロードの間）にある。

一連の買収と、そのあとの売却で、私は初めて規模のメリットを体験した。新しい家を買収するたびに、より大きくて、効率的で、経済的な開発ができるようになっていったからだ。小さい土地を集めると、はるかに価値が高くなることは、有意義な教訓となった。規模による価値の飛躍的な増加は、それ以降、私の投資チャンス（不動産でもそれ以外でも）の見極め方に大きな影響を与えた。

法科大学院の卒業を控え、私は休暇でシカゴに戻り、父が行ってきた不動産取引について話を聞いた。このころには、父はビジネスマンとして成功を収め、同世代の人たちと同様、蓄えた資本をシンジケートを通じて不動産に投資していた。父は、アパートやネットリース（当時はそれが主流だった）で約四％のリターンを得ていると教えてくれた。父が買っていたのは、すべて主要都市（ニューヨーク、ロサンゼルス、サンフランシスコ、シカゴなど）の物件で、それ以外にはけっして手を出さないということだった。この戦略は安全な賭けではあるが、限界もあった。アナーバーのような小都市では建設コストがはるかに安く、何よりも競争がなかった。しかし、シンジケート会社はそのような二番手や三番手の市については、その存在すら知らなかった。つまり、このような小さいマーケットへの投資はほとんど行われていなかったのだ。しかし、競争がなければ、価格だけでなく、市場も牛耳ることができるのである。

そこで、これが私の不動産における最初のテーマになった。私がアナーバーでやっていたことをほかの市場でもできれば、かなりの利益が見込める。私は、大学に近い小規模で成長率の高い市場の資産を集めたポートフォリオを構築することにした。今日から振り返れば、これは理にかなった考えだと思うが、当時はだれもやっていなかった。

一九六六年に法科大学院を卒業した私は二四歳になっていた。銀行には二五万ドルの預金があり、毎年一万五〇〇〇ドル（二〇一六年の価値に換算すれば約一一〇万ドル）ほど稼いでいた。家族のためにしっかりとした基盤を築き、その年には息子のマシューも生まれた。そして、二年後には娘のジョアンも授かった。

私は、アナーバーにとどまってそれまでの事業を続けるか、新しいことに挑戦すべきか考えていた。そして、ここにいれば小さな池の大きな魚になるだけだという結論に至った。自分がどこまでできるか知りたかったが、それはこの学生街では分からないとも思った。もし、自分の限界を試さなければ、自分が何ができるかも分からない。そこで、私とパートナーはこの会社をボブ・ルリーに売り、シカゴに戻った。

第3章 自分のルール

私は、シカゴに戻るとすぐに法律の「専門家」として働くつもりだった。そして、もちろん不動産の仕事も副業で続けようと思っていた。仕事探しを始めたときの私は、それなりの法律事務所で簡単に仕事が見つかるだろうと思っていた。しかし、四三回落ちたところで何かおかしいと思い始めた。とはいえ、何が問題なのか分からなかった。成績が素晴らしいわけではなかったが、偏差値の高いミシガン大学の法科大学院を上位二五％の成績で卒業していた。訳が分からなかった。理由がやっと判明したのは、チャールズ・カウフマンに面会したときだった。彼はシカゴにあるベッダー・プライス・カウフマン法律事務所の創設者兼シニアパートナーで、この会社には約一五〇人の弁護士がいた。秘書に案内されてカウフマン氏の部屋に入ると、電話中の彼は座って待つよう合図した。電話が終わると彼は部屋のドアを閉め、私の前に座ると妙な顔をした。そして、「それではどんな案件か聞きましょうか」と言った。私は「どういうことですか。私は仕事の面接に来たのです」と答えた。

彼は興味なさげに手を振って言った。「君は雇わないよ。きっと三カ月もしたら不動産の仕事に戻るだろうからね」

私は、彼の言葉を理解しようとしながら、また落ちたのかと思っていると、彼がこう続けた。「君の履歴書を見たが、こんなのは初めてだ。君は弁護士になるよりも、事業で力を発揮すべきだよ。君を雇っても時間の無駄だ。せっかく訓練しても辞めてしまうだろうからね」

なぜ落ち続けていたのかがやっと分かった。私の履歴書はビジネスの経験が大いに強調されていたが、法律で学んだことについてはほとんど書かれていなかったのだ。私は、法律事務所が私のこれまでの業績に感銘を受け、これが強みだと感じてくれるだろうと思っていた。しかし、これは私が法律事務所の仕事では満足できないだろうという赤信号になっていたことに、私は気づいていなかったのだ。カウフマンの言うことはもちろん正しかったが、納得するには少し時間がかかった。

結局、私はシカゴのエーツ・アンド・ホレブという小さな法律事務所で働き始めた。これは私の初めてで唯一の「就職」体験となった。私は四日間辛抱した。この間、私はリネンサプライ業者とノーザン・イリノイ大学との間の契約書と格闘していたが、これは拷問のような悲惨な体験だった。そして五日目、私は上司でジュニアパートナーのボブ・マイケルソンのところに行き、自分は契約書作りで時間を無駄にしたくないと言った（まだ二四歳だから言えたことだ）。

マイケルソンは、この尊大な態度に言葉を失ったあとで言った。「これから何をするのかい」

「またビジネスを始めます」と私は答えた。

彼は「それならば、ここでビジネスを続ければいい。私たちは君に投資し、法律業務を請け負おう。この事務所の一角を使っていいよ」

これはなかなか良さそうだと思い、私は合意した。そして、私が持ち込んだ法律業務については、私が報酬の五〇％を受け取るという取り決めをした。これは彼らの標準的な手数料体系で、若い弁護士に新しい仕事を取ってくるよう奨励するための仕組みだった。この制度は、そもそもさほど大きな仕事が来ることを想定していなかったが、すぐに私への支払額が急激に増えて警戒すべき水準になった。四週間もたつと、私のビジネス関係の法律業務は大幅に増え、彼らは私の取り分を三五％に下げた。そして、一年もたたないうちに二五％になった。

働き始めて一八カ月ほどたった一二月のある夜、私は法律事務所のジュニアパートナーの男性の部屋に呼ばれた。彼は、「おまえの今年の年収を見たよ」と言って私を一瞥した。どうも腹を立てているようだ。「オレだって法律の仕事をしないで一日中ブローカーと電話していればこれくらい稼げるんだ」という言葉で、彼が私の仕事について何も知らないことが分かった。彼は私が電話一本で不動産を転売していると思ったのだ。彼は週に八〇時間、法律業務を行い、二万五〇〇〇ドルの年収を得ていたが、目の前の二五歳の若造はその三倍以上稼いでいるのだ。この会話は啓示だった。それまで、私は自分の仕事がみんなとは根本的に違うということに気づいていなかった。自分では中心からほんの少しだけ外れているくらいに思っていたが、まったく違う道を進んでいたことを、このパートナーの言葉で悟ったのだ。この事務所を辞めるべき時期が来ていた。

仕事を辞めて帰宅したときのことはよく覚えている。妻のジャネットは妊娠していた。心配そうに「仕事を辞めたですって、これからどうするの」と聞いてきた。

「これまでの仕事を続けるよ」と返事をしたが、妻はそれでも不安げだった。私はうまく説明できなかったが、心は決まっていた。私の一匹狼的な傾向が、私の将来を決めようとしていた。自分が好きな仕事をするだけで、他人のルールに邪魔されるつもりはなかった。私はエーツ・アンド・ホレブを辞め、サウスラサール街一〇番地にある義兄のロジャーの法律事務所に間借りして自分の会社を始めた。これが、今でも存続している私の投資会社の前身である。

私の投資のテーマは、この時点でも小規模で成長率が高く、他の資本が競合しない都市に狙いを定めることだった。そして、チャンスは学生街のアパートにあると考え、物件を買い続けた。アメリカでは学校が増えていた。そして、不動産の最大の固定費である税金と公共費が大都市圏よりも安い分、純利益ははるかに大きくなった。父や父の何人かの同僚、エーツ・アンド・ホレブの弁護士を含む約二〇人の投資家が私の会社に出資してくれた。

一九六六年、私はアナーバー時代から手掛けていた初めての大型物件の契約を取りまとめた。これはオハイオ州にあるトレド大学に近い九九戸のアパートで、一〇〇万ドルの取引だった。このユニバーシティー・パーク・アパートメントは、私の経験上理想的な物件で、予想利回りは一九％だった。この件を父に持ちかけると、父は不動産管理士のアーサー・モールに評価を依頼した。モールは私が挙げた数字をすべて下げ、利回りは八％だと結論づけた（それでも当時はなかなか良い利益だった）。モールはこの投資を父に勧め、モール自身も出資することにした。この物件はすぐにモールが算出した数字の倍のキャッシュフローを生み出し、結局、リターンは二〇％に達した。私が二つ目の大型物件を手掛けるときは、前回投資した人たちと彼らの友人が出資を希望した。そして、それ以降も出資希望者は増えていった。

このようにして、私のビジネスは規模がかなり拡大し、以前よりも洗練されていった。そして、当然ながらリスクも拡大した。そうなると、古いやり方を好む父は、少しずつ出資を減らしていった。父と私の手法は根本的に違っており、私は父とは違う自分のやり方を追求していった。

トレドの次に手掛けたのは、フロリダ州のタンパとオーランドとジャクソンビル、テキサス州のアーリントン、ネバダ州のレノなどだった。レノはアナーバー時代からの共同出資者だったドン・チゾムの紹介だった。チゾムは、サンフランシスコで査定の講習会に参加しているときに電話を掛けてきた。「サム、昨日、昼食で一緒だったカーソンシティ（ネバダ州）の男にミシガンで俺たちが手掛けたアパートの話をしたら、レノに一六〇戸のアパート建設の計画があると言うんだ。どう思うかい」

レノってどこだ。ネバダ州と言えばすぐ離婚することとギャンブルぐらいしか知らない。しかし、私はいつもすべてのチャンスを探求すべきだと思っている。そこで、私はチゾムに「近くにいるのだから、見てきてくれないか」と言った。

チゾムはレノに行き、物件を見てから電話をしてきた。「サム、ここは素晴らしい街だ。急成長している。アパートは満室で、キャッシュ・オン・キャッシュのリターンは一九％だ」

キャッシュ・オン・キャッシュは自己資金利益率だ。現金収入のみのリターンで、値上がり率は入っていない。この高いリターン率ならば、未知のマーケットというリスクを考慮してもやる価値はある。私たちはこの取引をまとめ、結局、レノであと三～四つ物件を買った。そのあと、この売り手からはフロリダ州の物件もいくつか買った。

私はできれば同じ相手と取引したいと思っている。お互いをよく知るようになると、信頼感も生まれるからだ。今日、私が手掛けている案件の多くは、相手と一〇年以上の付き合いがあり、なかには四〇年以上前から取引している人もいる。いずれにしても、レノの案件のリターンはどれも私の予想を少なからず上回っていた。

一九六九年のある日、私が朝七時に会社の自分の部屋にいると、ニューヨークにいる「兄弟」の一人のスタン・ウエインガストから電話が来た。彼がジェイ・プリツカーと話していたら、三〇歳未満の不動産で成功した起業家で、弁護士を探しているというので、すぐに私のことが頭に浮かんだというのだ。

プリツカー家のことはだれでも知っていた。彼らはシカゴで最も著名な事業家の一族で、ハイアット・ホテル・チェーンの創業者でもある。ジェイ・プリツカーは、投資の世界では伝説の人物で、世界有数の富を築き、支配していた。彼は、巨額の投資判断を一晩で下す数少ない人物だった。彼は、その資金力と金融界の人脈によって、当時、最も頼りになる人物となっていた。

ジェイ・プリツカーに会うことには非常に興味を引かれたが、もうだれかの下では働きたくないことも分かっていた。そのため、ウエインガストにこう答えた。「もし私が成功した不動産関係の起業家で、弁護士という条件を満たすならば、プリツカーやそれ以外の人の下で働く理由がないよ」

ウエインガストは、「待てよ。ジェイはたぐいまれな人物だ。ぜひ会うべきだ」と言うのだ。

翌日、私はプリツカーに会いに行った。私は朝九時に彼の会社に着き、結局、午後四時半までそこにいた。

最初に父親のＡ・Ｎ・プリツカーに一時間ほど質問攻めにされたあと、ジェイ・プリツカーの部屋に行ってさまざまな案件について話をした。彼の話は素晴らしく興味深かった。昼食は、彼の売り込みタイムだった。「この会社を見たまえ。優れた人材がそろっている。ここで取引を次々とまとめていけば、いずれトップ五％に上り詰めることになるだろう」。五％だって。私は笑って言った。「これがプリツカー式ですか」。彼は笑わなかった。

それでも私たちは話を続けた。実際、プリツカーと私は会った途端に意気投合したのだ。話をしながらプリツカーのことが分かってくると、私は楽しくなってきた。ただ、それでもここに就職する気はなかった。

夕方になり、私は最後に言った。「ジェイ、私はあなたの会社にもそれ以外のだれの会社にも就職するつもりはありません。それよりも、私と取引しませんか」

彼は「いいだろう」と答えた。

そこで私は、「最近、タホ湖の物件について借り入れを行ったのですが、ここを買って開発すればものすごいチャンスにつながると思いますよ」と持ちかけた。

彼は躊躇なく言った。「ＯＫ、やろう」

彼と別れてエレベーターに乗り、一階のドアが開くとＡ・Ｎ・プリツカーが立っていた。彼は驚いて、「ずっと息子といたのか」と聞いた。

私が「そうです」と答えると、「だったらこれでビルの一つも建てられるだろう」と言われた。

ジェイ・プリツカーとの出会いは、父とボブ・ルリーを除き、私の仕事上で最も影響力が大きい関係の始まりだった。プリツカーは私が知るかぎり、金融の世界で最も頭の良い人物だと思う。私は、彼に案件の見方や、契約の決め手になる部分の見極め方などを教わり、彼のおかげで、チャンスや取引の新しい見方ができるようになった。彼は私のメンターであり友人でもあった。私たちはどこかでつながっているのではないかと思うほど考え方が似ていた。実際、一九歳年上の彼はよく冗談で、彼が私の年のころはずいぶん遊んだので、もしかしたら自分の落とし種かもしれないなどと言っていた。

タホ湖のプロジェクトは、二つしかない私がゼロから立ち上げた計画の二番目だった。私は、四日間で弁護士の仕事を辞めたあと、既存の物件を買うだけでなく、開発もしようと決めた。実際、私は住宅業界のＧＭ（ゼネラルモータ－ズ）を目指していた。

タホの計画は、山のふもとの美しい場所にあった。ここでは雪がない短い時期に建設を行わなければならないため、私は別の場所でプレハブのユニットを組み立てて運び込み、建設可能な時期に組み立てようと考えた。この計画がかなり進んだ時点で、私は現地に進行状況を見に行った。一階は素晴らしかった。しかし、二階に行ってみると、かなり暗い。調べてみると、建設業者が間違って窓を長いひさしで覆っていた。そのため、窓からは美しい山の景色ではなく、屋根の内側しか見えなかったのだ。結局、ここは屋根に窓を組み込んで景色を確保したが、これは大失敗だった。しかも、そのあとすぐにケンタッキー州レキシントンで進めていた初めてのアパートの開発プロジェクトでも大問題が発生した。建設計画のひどい間違いが突然発覚したのだ。このプロジェクトは八割ほど完成していたが、現場に行って目を疑った。建物の一方の部屋はけた外れに小さくて、反対側の部屋はけた外れに大きかったのだ。図面を確認すると、建物の中心に配水管があった。ところが、それが中心ではなく、約二〇％ずれており、それに合わせて建設が進められていたのだ。しかし、修正するには工程が進み過ぎていた。結局、部屋の大きさに合わせて家賃を調整し、まあまあうまくいったが、期待にはほど遠かった。

二つのプロジェクトが終了した時点で、開発の仕事は思った以上に複雑でリスクが大きいことに気づいた。それに、設計図の問題だけでなく、計画の途中で当局が法律を変えれば新たに手数料や費用がかさむし、景気が悪化することもあれば、ビルが完成するころにはテナントの需要がなくなっている可能性もある。そうなれば、銀行は返済を迫ってくる。

結局、私はデベロッパーになろうという気持ちがすっかりなくなった。きっとデベロッパーの多くは金銭的な報酬は半分で、残りは自分が作ったものが形になるという無形の報酬で満足しているのだと思う。それ以外のメリットは思いつかない。

私にとっての教訓は、改めてシンプルに徹するということだった。開発には複数の段階があり、それぞれに間違いが起こる可能性を秘めていた。

プリツカーと私が一年後にタホ湖の物件を売却したとき、私は重要なことを忘れていたことに気づいた。私は彼に電話をして言った。「ジェイ、取引はしたけれど、私たちの間で正式なパートナーシップ契約を結んでいませんでした。ＩＲＳ（国税庁）の査察にあったら、それがないとまずいですよね」

彼はあまり興味なさげに「そうか」と答えた。これはプリツカーの性格をよく表していた。信頼は、彼の不変の原則の一つだ。彼は、私が誠実で賢いと判断したら出資する。そして、あとは細かいことを確認してきたり、状況を聞いたりすることはない。物件は私の名前で行っていたが、もしこれがうまくいかなかったとしても、彼が私を見捨てることはけっしてないと思っていた。

プリッツカーは、戦略は単純にすべきだということも教えてくれた。彼は極めて複雑な状況を把握し、即座に弱点を見つける不思議な能力を持っていた。彼はよく、取引に一二段階あったとしても、全体を左右するのはそのなかのたった一段階だと言っていた。それ以外の部分は、自然にうまくいくか、さほど重要ではないというのだ。また、彼はリスクを極めて重視していた。私は、父に生き方を教わり、法科大学院に考え方を教わり、プリッツカーにリスクの見方を教わったと思っている。

タホ湖の案件のあと、私たちは続けざまにいくつかの案件を手掛けた。その一つが、一九七〇年に行ったロサンゼルスのブロードウエー・プラザだった。この物件は約六万五〇〇〇平方メートルのオフィス用スペースと、約三万七〇〇〇平方メートルの店舗スペース、そしてハイアット・ホテルの客室五〇〇室を備えた複合ビルだった。これは、カーター・ホーリー・ヘイル（ＣＨＨ）とオグデン・コーポレーションが共同で開発に当たっていた

（ちなみに、私はのちに両社とも所有することになる）。私はこの案件について交渉を始めたが、これは想像をはるかに超えた複雑な契約だった。そこで、私はそれまでだれもやったことがない仕組みと条件を考えついた。それをプリッカーに見せ、この極めて複雑な取引をステップごとに説明していった。話が終わると、彼が私を見て言った。「サム、ここで大事なのは、オフィスの借り手がつくかどうかだけじゃないのか」。悔しいが、そのとおりだった。すべてはその前提に基づいていたのだ。

プリッカーの知的辛辣さは私を大いに魅了した。私は、問題を分解すれば複雑な案件でもすぐに核心部分に切り込むことができることを理解した。私は考えを整理する必要があったのだ。自己管理と言ってもよい。中学一年の社会の時間に要点をまとめたときのことを思い出した。本質的には同じことで、それをより洗練されたレベルで応用しただけだ。私は今日でもこの方法を用いている。

ほかの案件と同様、ブロードウエー・プラザも税金の関係で年末までに話をまとめる必要があった。しかし、売り手側は最終段階になっても、ほかの入札者との交渉を続けていた。そこで、私たちは厳しい時間制限を設け、一二月二九日（火曜日）に会議室に弁護士と四八時間籠って交渉した。これは激しい消耗戦だった。私は途中で耐えられなくなって、デスクの下にもぐって寝たが、二人の弁護士はその上で議論を続けていた。私は一時間半ほど寝てから再び話し合いに復帰した。

そして木曜日の午後二時半、話し合いは終わった。契約書はまだ仕上がっていなかったが、私はホテルに戻ってシャワーを浴び、午後五時の調印前に散髪した。

この時点では、調印時に用意すべき現金の額が定かではなかった。八〇〇～一〇〇〇万ドルということは分かっていたが、正確な金額が分からなかったのだ。そこで、私はプリツカーに複数の支払い保証付き小切手を送ってくれるよう依頼し、私が状況を見て支払うことにした。

私が床屋で髪を切っていると、メッセンジャーが封筒を手渡してくれた。私は待ちきれずに封筒を開け、一〇〇〇万ドルあることを確認するためにゼロの数を数え始めた。床屋は肩越しにそれを見ていて、思わず私の耳を切った。本当だ。このときの私はひどいいでたちで、二日寝ていないうえにジーンズを履いていた。床屋は散髪代を払えるかすら疑っていたかもしれない。

プリツカーに話を戻すと、彼はかなりの負けず嫌いだった。もちろん、私もそうだ。そしていつも彼の勝ちだった。ラケットボールをしても、テニスをしても、ジンラミーでさえ彼が勝った。私はいつも自分は世界最高の平均以上のアスリートだと豪語してきた。どんなスポーツでも、平均以上にはできるのだ。しかし、彼はすべてで私を負かした。そのなかで、たった一つ彼に勝てるはずなのがスキーだった。私が優れていると言える唯一のスポーツだ。私は直滑降が好きで、コースに関係なくまっすぐ滑り下りていく。私は、プリツカーをゲレンデに連れ出す機会をもどかしい思いで待っていた。

一九七一年一月、ついにその機会が来た。ブロードウエー・プラザの案件を締結し、私たちはユタ州のスノーバードに行くことになったのだ。私は興奮していた。彼がどれくらいうまいのかは知らなかったが、私はかなりうまいのだから負けるとは思えなかった。

スキー場に着いた翌日、私たちはロープウエーで山頂に向かった。私は彼を見てニヤリとすると、「レディー、ゴー」と叫び下っていった。私は一気に滑り降りて山の中腹辺りで後ろを振り向くと、プリツカーはいなかった。私はふと、彼が別のルートを行って、あとから私を笑うつもりだろうかと思った。彼がやりそうなことだ。そこで、私はさらにスピードを上げて残りを滑り切った。麓についても、やはり彼はいなかった。一〇分ほどして、やっとプリツカーがやってきた。私はすぐに、彼に皮肉を言った。私は得意でたまらなかった。

彼は「気分があまり良くないんだ。ココアを飲みに行こう」と言った。私は親しくなければ言えないことを言った。「ココアに付き合えだって。もう一度負けたくないだけだろう」。そしてさらに滑り続けた。しばらくして、私はやっと彼の様子がいつもと違うことに気づいた。いつもの遠慮ない物言いがなく、どこかが違っているのだ。私は滑るのをやめて、「ココアでも飲みに行こう」と言った。

カフェに入ると、プリツカーは腹が痛いから胃腸薬がいると言って席を立ち、戻ってこなかった。二〇分がたち、階下の医務室を見に行くと彼がベッドに寝ていた。シャツを脱ぎ、顔には酸素マスクが付けられていた。彼は心臓発作を起こしていたのだ。私は立ちすくんだ。二九歳の若造がジェイ・プリツカーとスキーに行き、彼が心臓発作に見舞われたのだ。突然、この重要人物を助ける責任は自分にあると思った。何をすべきなのだろうか。

私はプリツカーの主治医や会社に次々と電話を掛けた。それから、地元の医者が診察するのを、医療の質も分からないまま、なすすべなく見ていた。私は、シカゴにいるプリツカーの主治医に、すぐにスノーバードに来てくれと懇願した。「今夜なんて無理だ」と言う彼に、「どんな方法でもいいんだ。飛行機が必要ならばチャーターしてくれ」と重ねて頼むと、「分かった。少し時間をくれ」と言ってくれた。一五分後に電話があり、シカゴ大学のプリッカー医学校が用意する飛行機に必要機器を積んでその日の夜に来てくれることになった。最高の処置ができる彼の自宅に運ぶ予定だという。

私はほっとした。そしてプリッカーのところに行き、「今、エディと話した。今夜九時にチャーター機で迎えに来てくれるよ」と伝えた。彼はゆっくりと酸素マスクを外した。顔色が悪く、深刻な様子だった。しかし、彼は私を見てこう言った。「普通の飛行機では来られないのか」

結局、彼はユタ州にとどまって、素晴らしい治療を受け、回復した。そして、二カ月後に仕事に復帰し、再び一緒にたくさんの取引をした。

ジェイ・プリッカーは、個人的にも仕事においても私に多大な影響を及ぼした。彼は私に、支援と知恵と信頼という比類ない贈り物をくれた。彼は、一九九九年に心臓を悪くして七七歳で亡くなった。私にとっても、彼を知るすべての人にとっても、大きな損失だった。

私がプリッカーとかなりの時間を過ごしていたこのころ、私は『ゼッケンドルフ』(Zeckendorf)という本を読んだ。この本は、全体を個々のパーツを通して別の目的で見るということを強調していた。ゼッケンドルフは、近代で最も優れた不動産デベロッパーの一人で、マンハッタンのスカイラインを彩るいくつもの重要なビルや、シカゴのマグニフィセントマイルのかなりの部分にかかわっていた。そのほかにも、ニューヨークの国連ビル、ロサンゼルスのセンチュリーシティ、モントリオールのビルマリー広場など、数多くの開発を行っていた。

ゼッケンドルフの自伝には、さまざまなエピソードが載っていたが、私の心を最もとらえたのは彼の戦略だった。彼は、資産をパーツの合計として見ることで、全体の価値を上げることができると考えていた。異なるパーツは異なる買い手にとって価値がある。ゼッケンドルフは所有する物件の価値を最大限にする、つまり一＋一を三にすることができた。例えば、マンハッタンのワンパークアベニュー・ビルは、市場価格が一〇〇〇万ドルだったが、彼の手にかかれば一五〇〇万ドルになった。彼はビルの名称、土地、リース、個別のローンなど、すべてを別々に計算した。これは卓越したアイデアだった。私は最初はこの手法を不動産業に導入し、のちには不動産以外の仕事にも応用するようになった。

そのころには、ボブ・ルリーが私のパートナーになっていた。実際、彼は最も親しい友人で、先にもあとにも唯一のビジネスパートナーだった。一九六七年にアナーバーを離れるとき、私は彼に二四歳の尊大さで「もしここでの仕事にあきあきして、もっと大物と仕事をしたくなったら電話してくれ」と言い放った。そして、一九六九年にその電話が来た。

彼は「最後に君が言ったことを覚えているかい」と言った。ルリーはすでに機械工学の修士号を修得しており、私たちが彼に売却した会社は学生の家賃不払い運動に遭ってかろうじて生き伸びている状態だった。彼はミシガンを離れるつもりだった。

私は「イエス」と答えた。「いつでも行ける」というルリーに、私は迷うことなく「来てくれ」と言った。

ルリーはアナーバーのアパート管理会社を売却し、シカゴにやってきた。このときは、二人ともまだこのパートナーシップがこれほど豊かで実り多いものになるとは想像もしていなかった。

私は最初に、彼には社員ではなくパートナーになってくれと言った。私たちは二人がいずれ対等のパートナーになるという不定形の契約書を作成した。それ以降、私たちは取引ごとにリターンを分配し、彼の会社の持ち分は、彼の取引と貢献とともに増えていった。最初は八五対一五だった持ち分が、一九七四年には六六対三三、一九七六年には六〇対四〇、そして一九七八年にはついに五〇対五〇になった。これは、それぞれの貢献がお互いのためになる公平な取り決めだった。

私は、リスクも分け合わなければ、本当のパートナーにはなれないと思っている。ルリーと私は初期のころを除き、一緒に仕事をした期間のほとんどで同じリスクをとってきた。彼が「この案件をやろう」と言うとき、彼が私と同じだけ出資することが分かっているし、逆も同じだった。私たちは間違いなくお互いを百パーセント信頼していた。書面のパートナーシップ契約はないが、財布は一つだった。彼も私も自宅を建てるときは、二人の会社の資金を引き出し、お互い特に詳しい説明をする必要はなかった。

ルリーと私は、ビジネスを解決すべきパズルのようなものだと考えており、二人とも知的好奇心が旺盛だった。私たちは、それぞれまったく違う手法で鋭く問題に取り組む。ルリーは分析的で、すべての収支が合わなければ気が済まなかったが、私は直観と感性で攻め、同じ結論に達した。ルリーは情報を理解し、シャッフルしてからまったく別のものに再構成する。これは、見ているだけで興奮する。ルービックキューブが発売され、彼が一〇分間で完成させてもだれも驚かなかった。

ルリーは頭が切れ、内省的で、予想不能で、自虐的ユーモアがある。どちらかと言えば物静かだが、多くの人が最低でも一段落は必要とする内容を一文で言い表すことができた。

彼は、パートナーシップを組んで最初の二年間はレノに駐在して、私の会社が所有している資産を管理していた。そのときに、エンジニアの組合組織が私たちが所有するビルの従業員たちを組合に加入させようとした。このビルの社員は一三人しかおらず、ルリーは当然全員と親しかった。組合化の投票が午後三時から行われる日、ルリーが午後一時に電話で、もう大丈夫だと言ってきた。組合化に賛成票を投じる社員はいないということだった。しかし、二時間後、満場一致で負けたという連絡が入った。これは、私とルリーにとって忘れられない教訓となり、そのあと私たちの間でよく話題に上った。取引は、終わってみるまでどうなるかは分からないのである。

一九七一年、ルリーがシカゴに戻り、私たちはそれまでよりも広いサウスラサール街一〇番地に会社を移した。このころから私の投資会社であるエクイティ・グループ・インベストメント（EGI）は大きく成長し始めた。のちに、EGIはそのあと幅広く発展した「エクイティ」ブランドの基盤となっていった。今日では六つの会社がこのブランドを掲げ、それぞれが数十億ドル規模で資産を運用している。一九七〇年代前半の社員数は一〇人程度で、主な社員は私とルリーのほかは会計責任者のアート・グリーンバーグと、内部監査のゲリー・スペクターくらいだった。

ルリーも私も、最初からこの会社を能力主義の会社にしようと考えていた。ＥＧＩは起業家精神にあふれ、透明性が高く、自発力と創造性と信頼性があり、みんなが同じ目標に向かっていた。社員には十分暮らしていける給料を支払っていたが、投資案件を手掛けなければ昇給はできない。つまり、本当の報酬は給与ではなく、取引の利益の一定割合だった。プロジェクトに優劣は付けず、報酬は契約ごとではなく一年の成果に応じて配分していった。また、ほぼ全員がほかの人の取引にもかかわっていたため、健全な内部競争があると同時に、それぞれがほかの人の取引にも協力していた。このような基本原則は、何十年たっても変わっていない。

ルリーと私は、ＥＧＩに独自の企業文化を作り上げ、それが私の会社のトレードマークになった。まず、服装を見直し、カジュアルな服での勤務を許した。これは一九七〇年代のお堅い金融業界では前代未聞だった。ビジネスカジュアルという概念は私たちが発明したとも言える。私たちは、変な格好をしていても仕事が抜群にできれば優秀な人だが、変な格好をして仕事もそこそこならばただの間抜けだと思っていた。そして、慣習に従わなくても素晴らしい成果が上がることをみんなに見せつけようと決めていた。

ルリーも、私と同様、因習打破を信条とする人物だった。赤い髪は子供のように縮れていて、長くて、爆発していて、額の生え際は後退していたが、もみあげは長く、もじゃもじゃのカイゼル髭とあご髭を伸ばし、漫画で電気コードに指を突っ込んで感電した人のようだった。彼はほぼ毎日、同じリーバイスのジーンズと同じベルト（大きくて銀色のマリファナの葉の形をしたバックルがついている）と、同じチェックのシャツを着て、同じチペワブーツをはいていた。唯一変わるのは、シャツが冬はネル、夏は麻になるだけだ。彼は、お気に入りの衣類が生産中止になるのを恐れて、五〜一〇枚まとめ買いしていた。そして、買った日付をラベルに布用のペンで書き込んでいた。彼の息子のジェシーが五歳くらいのとき、国語のクラスで先生がスーツを着た男性の絵を見せると、ジェシーはそれが何か分からなかった、というエピソードもある。もちろん、私も背広は着ておらず、お気に入りはジーンズとニクニクのシャツ（ポリエステル製で大胆な色遣いの突飛な柄のボタンダウンシャツ）で、さまざまな種類を持っていた。そして、これぞというときには赤い皮のジャンプスーツを着た。

当時、私たちは無名だった。一九七三年に、ヒューストンの大型アパートを買ったとき、ルリーが現地で一〇〇万ドルを電信為替で受け取って、契約を締結することになった。そこで、私はシカゴの取引銀行に電話して、こう言った。「これから私の会社の口座に送金し、ルリーが受け取ることになっている。ヒューストンの銀行に、ルリーの容貌を伝えておいてほしい。もしそれをしないでルリーが受け取りに行ったら、契約がまとまらなくなってしまう。彼が一〇〇万ドルの合法的な受取人だと思う人はだれもいないだろうからね。ヒューストンの銀行に、ルリーの服装はチェックのシャツとジーンズとブーツで、派手な赤毛だと伝えておいてほしい」

私の取引銀行は、ヒューストンの銀行に電話をしてから、一〇〇万ドルを送金した。そして、ルリーがヒューストンの銀行に現れると、副社長が自ら出迎えて言った。「ようこそ、ルリー様」

ルリーは当惑して言った。「どうして私のことを知っているのですか」

すると副社長は言った。「シカゴから電話があり、非常に個性的な方だと聞いておりました。今日、最初の個性的なお客さまだったので、すぐに分かりましたよ」

私たちは、事務所も服装や取引に負けないくらい慣習にとらわれないデザインにしていた。主要なスペースの壁には、明るい黄色をはじめとする鮮やかなマイラー壁紙が貼られ、私の部屋は明るい赤だった。社内弁護士の一人で、長年の友人でもあるハワード・ウォーカーは、私の部屋に来るとジューシーフルーツガムの赤い包み紙のなかに入ったような気分になると言っていた。提携先や投資家は、私の会社を開拓時代のアメリカのようだと言っていた。彼らは、会議をするときは私の会社でしたがった。楽しくて風変わりな雰囲気に、私たちが上げていた二桁や三桁のリターンがまったく似合わないのが面白かったのだろう。

会社の机は、みんな近い位置に置かれ、個室のドアを閉める人はいなかった。会社にはいつもローリングストーンズや、ビートルズや、ママス・アンド・パパス、フィフス・ディメンションなどのサウンドトラックが流れていた（今でも、わが社の電話は保留中にビートルズが流れる）。社内では、何かあると大声で相手を呼び、「グリーンバーグ、ちょっと来てくれ」、あるいは、ただ「スペクター」などという声が飛び交っていた。社員は、だれかの部屋で話をしていると、近くの部屋から反対意見が飛んできて気力をそがれることもあった。しかし、そういう会社なのだから仕方がない。

ルリーはたいてい、会社の根底にある理性の声だった。彼は、ミスター・インサイドとして内務を取り仕切り、私はミスター・アウトサイドとしてセールスに励んだ。私は楽観主義者で、彼は悲観主義だったが、私が悲観に転じると、反対の立場を取らざるを得ないのが彼の性格だった。

彼はよく、「ここでの私の仕事を知ってるかい。ノーを言うことだよ」と言っていた。それを強調するために、彼の部屋にはジャスパー・ジョーンズのリトグラフが飾ってあり、そのなかの曲がった下向きの矢印の下に、「ノー」という言葉が書いてあった。私が、新しいチャンスを見つけ、すぐにでもとりかかろうと夢中で彼の部屋に駆け込むと、ルリーが風船に大きな針を刺し、私は次のアイデアに移る、などということもあった。社員たちはよく、ルリーはこの小さな家族のお母さんで、私がお父さんだと言っていた。

ルリーは、案件の仕組みやポイントを、ナプキンやメモ帳に書くことでも知られていた。だれかが質問すると、彼はさまざまな紙の切れ端を出してきて、あちらこちらに動かし、答えを読み上げた。これらの紙をなぜかいつも持っていて、迷わず必要な言葉を取り出すのだ。

彼はものすごい倹約家でもあり、五セントの無駄も見逃さなかった。また、再利用できるものはないか、いつも目を光らせていた。彼はよくだれかに話があって相手の部屋に行くと、話をしながら平気でその部屋のゴミ箱から使えそうなものをあさり始める。そして、話しながら捨ててある紙の束を取り出してクリップを外すと、それを相手に手渡し、何事もなかったように話を終えて帰っていくのだ。

ルリーはいつも陽気で、すぐに笑った。彼にとって、世界はただただ幸せな場所だった。身長一七〇センチの彼は、いつも背が高いのはどちらかというジョークを繰り出していた。あるとき、大型合併のさなかに、彼は契約書に次のような一文を書き加えた。「異議が生じたときは、背が高いほうが解決するものとする」。関係者はだれもこれに気づかなかった。もちろん私もだ。どの辺りかすら分からない。実は、私が自分で契約書を読むことはない。反対に、彼はすべての書類を一言一句逃さず読んでいた。

ルリーは、社内のいたずらを扇動することも多かった。彼のお気に入りの標的の一人が、若い会計士のアート・グリーンバーグだった。非常にまじめで道徳的な彼は、からかいがいがあった。ある年、ボーナスの時期に、私たちはアートに現金で五〇〇〇ドルのボーナスを渡すことにした。ルリーはそれをブリーフケースに入れてカギをかけ、暗証番号を教えずに渡した。

私の会社では、ときどきおふざけの小物が収納しきれなくなる。設立当初からの社員の一人に、さまざまな才能を持つイレイン・ブルームクイストがいる。彼女はなかなかのアーティストで、さまざまな人の等身大のぬいぐるみを作るのが得意だった。彼女が作ったルリーの人形は、彼が長い出張に出るときは彼のデスクに座っていた。あるとき、私は彼女に頼んで、コンチネンタル銀行で私の会社を担当しているジム・ハーパーの人形を作ってもらった。コンチネンタルは、一九七〇年代の主な借入先だった。ハーパーの誕生日に彼を職場から連れ出し、その隙に彼のデスクに人形を置こうという計画だ。私はその場にいて彼の反応を見ようと思っていたが、彼の部屋に行くのが遅れてしまった。予定よりも遅く彼の部屋に入っていくと、席には人形がいて、ペンを持って紙に何か書く姿勢になっていた。私が近づいてその紙を見ると、「返済しろ」と書いてあった。最後に笑ったのは彼だったのだ。

初期のころの私たちの収益はほとんどが資産の含み益で、手数料など現金収入はほとんどなかった。しかし、途中からは含み益を資金化して再投資に回すようになり、やはり現金をまったく持っていなかった。資産は多いが現金はない状態で、わずかな資金で運営していたのだ。ある年、残っていた最後の資産を売却したため思いがけず三万ドルが転がり込んできたことがあり、私は即座に会社用のステレオを買った。

私たちは、一九七〇年代にたくさんの不動産を買い、そのうちの多くのビルはニューヨークのアーレン・リアルティのアーサー・コーエンCEO（最高経営責任者）から購入した。コーエンとは一九七四年に知人に紹介されて知り合った。その四年前、彼は世界最大の不動産会社のＣＥＯとしてフォーチュン誌の表紙を飾っていた。コーエンは非常に頭が良く、数字に強く、素晴らしい交渉者だったが、運営にはまったく興味がなかった。そのため、彼は素晴らしい契約を取り付けるものの、そのあとの処理で台なしにしていた。また、いつも資産のパフォーマンスを上回るレバレッジをかけていた。彼はそのことを分かっていたのだと思うが、次の市場危機でチャンスが訪れたときに借り入れが見直されるのを期待して実質的に先送りしていたのだ。アーレン・リアルティは、オフショアの不動産投信も買収していたが、そこでは長期資産を運用し、投資家にはいつでも解約に応じるという昔からの問題を抱えていた。そして、マーケットが必然的に弱含むと、償還が続いてアーレン・リアルティの現金は逼迫した。

コーエンと知り合ったとき、私は彼の複雑な状況に驚いた。これほどたくさんの取引を、熱意を持って巧みに処理していく人は見たことがなかったからだ。ただ、彼は次々と新しい取引に手を付けるため、いつも膨大な資金を早急に必要としていた。そのため、ルリーと私が素早く決断してすぐに資金を用意できたことは、コーエンとの取引において都合がよかった。私は彼との取引で、スピードと確実さの価値を学び、のちに私たちは、その二つによって最高額を提示しなくても契約を勝ち取ることができるという評判を得るようになった。

ルリーと私はアーレン・リアルティが買収した不動産ポートフォリオの再編に着手し、その過程でほかの資産についても助言した。私は約四年間、毎週火曜日はニューヨークのオリンピアセンターにあるコーエンのアパートで朝食を共にし、整理したり買ったりする物件について話し合った。このときの経験は、その後の私の不動産に対する考え方を形作っていった。このとき学んだ重要なことの一つが、選択性の価値だった。コーエンは、忍耐と柔軟性の王と言ってもよい。彼は意思決定を慎重に進めることで、選択肢が増える可能性を謳歌できたのである。

会社は順調だった。一九七六年までは。その二～三年前に、私たちはレノで高層ホテルとアパートを買った。この交渉は一年以上に及んだ。私が支払うつもりの額と、所有者の税引き後の売値がなかなか折り合わなかったのだ。売り手は、言った。「数字は分かったが、税金が高すぎて、私にとっては売る価値がない」

何とかして解決策を見つけるつもりだった私は、この案件を義兄のロジャーが共同代表を務める法律事務所に持ち込んだ。ハーバード法科大学院で学んだロジャーは、非の打ちどころのない弁護士で、私は不動産取引で税金の問題があれば、彼を頼ることにしていた。このときも、彼と共に共同代表を務める同僚が、売却のための複雑な税金の仕組みを考え、ロジャーが契約書を作成してくれた。私はとても賢い方法だと思った。違法になるなどとは思ってもみなかった。売り手とようやく合意に達し、みんなが満足した。

ところが二～三年たって、私が知らないところでロジャーの法律事務所と、特に私が依頼したレノの案件の仕組みがＩＲＳ（国税庁）の大規模な脱税調査の対象になった。私の案件は、ロジャーの法律事務所のまったく関係のない件と一緒に、一年半もＩＲＳの追求を受けた。そして一九七六年、本格的な捜査が始まると私はレノに「招待」され、ＩＲＳが大陪審を招集すると伝えられた。

私がレノで面会したＩＲＳの捜査官は、私が大陪審で何を言うのかと尋ねた。私はこの案件の経緯を説明した。彼が厳しい目つきで「もしこの男（ロジャーのパートナー）を葬り去るのに手を貸さなければ、おまえもただではすまない」という趣旨のことを言った。

取り調べを受けたときのことは忘れられない。夕方五時ごろで、外は暗くなり始め、とても心細かった。しかし、私はＩＲＳの捜査官に向かって言った。「私は本当のことを言った。あなたのためにウソをついたり、話をでっち上げたりするつもりはない。私は取引の過程で税理士に相談したにすぎない」

すると捜査官が言った。「それならば、お前を起訴する」。ＩＲＳは、私と、この事務所のロジャーを含む三人の弁護士を起訴した。

私は、自前の弁護士を雇い、彼が捜査官に対応するようになると、レノでの捜査官の高圧的な態度は、若い不動産屋に対するそれとはかなり変わった。今度は「真実を証言し、裁判が終わったら起訴を取り下げる」というのである。そして、そのとおりになった。

私は、ロジャーを支持するために法廷に座った。どういう展開になるかは分からなかったが、証拠が示されたときの陪審員の表情はよく覚えている。彼らは政府寄りに見え、時間とともに、だれかに責任を負わせようとしているように感じた。ただ、それがだれで、どのくらいなのかは分からなかった。個人的には自分が被告席に座っていないことに安堵しつつも、家族も私もロジャーのことが心配でたまらなかった。そして、評決が下されると最悪の内容だった。ＩＲＳが最初に狙っていた弁護士（案件の仕組みの考案者）は無罪になった一方で、書類を作成したロジャーが有罪にされたのである。これが正義とは思えなかった。私たち家族は一致団結してこの件を乗り越え、ロジャーと私は今でも強いきずなで結ばれている。しかし、これは暗い時代だった。

その後もこの件の余波は続いた。私の起訴は取り下げられたが、起訴されたことは私の経歴の汚点となった。最初に、その影響が出たのは、一九六〇年代から投資パートナーだったノースウエスタン・ミューチュアル生命保険会社に資金調達を依頼しようとしたときだった。それまで素晴らしい関係を築いていたが、懸念を持ったようで、私の弁護士と私を招いて説明を求めた。私の起訴について弁護士が用いた例えは今でもはっきりと覚えている。「サムが駅で電車を待っていたら、電車が来て、その電車が止まらなかったので、大けがをしたようなことです」。ノースウエスタンは事実確認をして、契約を進めた。

次の問題は、その年の終わりに銀行からディストレスト資産を買おうとしたときに起こった。銀行が、起訴された人には融資も売却もできないというのだ。このときは、初期のころからの投資家の一人であるアービング・ハリスの支援によって、買い取ることができた。このような忠誠や信頼は私にとって大きな意味があるとともに、彼らにとっての自分の立ち位置も知ることができる。ホームランを打った人を支援するのは簡単だ。しかし、自分の評判をリスクにさらし、間接的にでも不正とかかわった人の支援をするのは簡単ではない。私は、かつての取引相手からこのような支援を何度となく受けた。彼らは私がどのような人間で、どのように仕事をしているか知っている。私にとって、これは父が昔からよく言っていたシェム・トーブな人、つまり良い評判ということに集約される。

私たちの活動範囲が広がると、社内のすべての案件を監視するために完全に信頼できる弁護士を置く必要が出てきた。私は、有名法律事務所でパートナーとして頭角を現していたシェリ・ローセンバーグという若い女性に狙いを定めた。彼女は代表まで上り詰めた最初の女性の一人で、かなりしたたかなタイプを想像していた。彼女の事務所を訪ねると、きちんと整頓された部屋にライムグリーンのジャンプスーツを着た彼女がいた。彼女は嫌悪感を隠すことなく、私の誘いを瞬時に断った。しかも彼女の夫も反対だった。私の会社は、騒がしいことで知られていた。しかも、みんな変な格好をしており、ＢＧＭはロックだった。夫は、このようないい加減な雰囲気の会社で彼女の評判に傷がつくことを恐れたのだ。

しかし、私はあきらめなかった。八カ月粘って彼女を説得し、結局、二〇年間も働いてもらった。ローゼンバーグは普通の弁護士とは違っていた。実は彼女も取引が大好きで、エネルギーとリスクも愛していた。つまり、私たちの会社にぴったりの人材だったのだ。彼女は頭が良いだけでなく、非常に信頼できる人物で、職場のみんなの面倒をみて、メンターの役割も果たしてくれた。問題があると、だれもが彼女に相談に行った。さまざまな点で、彼女自身が会社の行動規範となっていた。

結局、私たちは社内に法律事務所を設立することで、社内の法律業務がより管理しやすくなり、スピードと効率も上がった。この法律チームは拡大を続け、三〇人以上の弁護士を抱えるようになった。しかし、一九九〇年代になると、私の会社は投資していた未公開企業の株を公開して（IPO）資金化を始めた。そうなると、利益の相反が起こる可能性が出てきたため、社内法律事務所は解散した。

ローゼンバーグが加入してから一〇年ほどたったころ、ルリーが亡くなったため、私はローゼンバーグをCEO（最高経営責任者）にした。当時、金融業界に何人の女性CEOがいたかは知らないが、多くなかったことだけは間違いない。

高潔さというのは、法に従うことだけではない。人とどう接し、公平かつ公明正大に仕事をし、当然ながら約束を守るということなのだ。私は、いじめや侮辱、こそこそすることや、陰の攻撃などが我慢できない。しかし、私がかかわると、たいていは続きがある。ある日、私にコンチネンタル銀行から最近決まった借り入れについて電話があった。一社への貸出額の法的限度額を超えているため、貸し出しのひとつを別の銀行で借り換えてほしいというのである。私はケミカル銀行でローンを担当しているティム・カラハンに連絡をとり、彼のところが私たちの物件の一つに資金提供してくれることになった。彼は、ケミカル銀行の外部の弁護士に、できるだけ早く手続きを済ませるように依頼した。コンチネンタルの件を待たせているからだ。

手続きを始めてみると、ケミカル銀行が依頼した弁護士は高圧的で、無礼で、傲慢で、頑固で、返事はなかなかよこさないし、ローゼンバーグや私や私の会社の社員を罵倒することもあった。彼は、契約をまとめることよりも、手数料を増やすことばかり考えているように見えた。

彼がかかわるまでは、コンチネンタル銀行が六日前に締結したローンをケミカル銀行が買い取ることになっていた。私たちはカラハンと権利や条項について確認し、彼も了承していた。ところが、この弁護士は書類の作り直しを要求した。どんな相手でも説得できるローゼンバーグでさえ、「彼には我慢ならない」と言ってきた。しかし、私は契約を完了するためには我慢するしかないと思った。

やっとすべての書類が完成すると、この弁護士は実際の契約が締結する前に弁護士費用の支払いを要求してきた。つまり、彼は締結を盾に支払いを強要しようとしたのだ。これはやりすぎで、私たちは拒否した。いずれにしても契約は締結した。

それから三週間後、ローンの書類を確認していた会計部門から電話が来た。彼が金利を計算したところ（かなり複雑な式になっていた）、ケミカル銀行と合意したプライムレートプラス一ポイントではなく、私にとって有利なプライムレートになっているというのである。

私はすぐにカラハンに電話をして、こう言った。「書類に間違いがあるから直してほしい。合意したのはプライムレートプラス一ポイントで、それを支払うつもりだ。ところで、次のシナリオを想像してみてほしい。AとBが契約に合意し、書類を作った。ところが、Aが雇った弁護士が、すでに合意している書類の書き直しを主張し、Bに嫌な思いをさせ、罵倒し、傲慢な態度をとり、契約を遅らせた。そのあと、弁護士が書き直しを主張した書類が間違っていて、依頼者に損害を及ぼす文言が書かれていたことをBが発見した。Bは当然、このことを契約相手に伝えるという正しい行動を取り、事前に合意した金利を再確認した。そのお礼に少し手伝ってほしいことがある」

私はコーエンに頼んで、この弁護士にケミカル銀行が間違いを見つけたので早急に修正してほしいと連絡してもらった。弁護士はローゼンバーグに連絡し、大したことではないが、タイプの打ち間違いがあるので、改定条項に私のサインが欲しいと言ってきた。

待ち構えていたローゼンバーグはこう答えた。「約束はできません。サムはあなたの契約書の処理とみんなへの接し方は我慢ならないと言っていたので、サインしてくれるかどうかは分からないわ。まあ聞いてみます」

相手の弁護士は激怒した。「そんなバカな。サインするに決まっているだろう」

私たちは、彼が送ってきた改定条項をしばらく放置した。

一週間後、弁護士の催促にローゼンバーグはこう答えた。「頼んでみたけれど、激怒してサインしてくれないのです」

弁護士は信じられない様子でいった。「そんなことはあり得ない。サインしろと伝えてくれ」

私はケミカル銀行のカラハンに電話をして、弁護士に改定条項はどうなっているのか催促してもらった。

そのため、弁護士はまたローゼンバーグに電話をしてきた。態度はかなり軟化していた。プロの礼儀を持って協力を依頼してきたのだ。

私たちはさらに一週間待たせたが、カラハンが電話をかけてきて仮定の質問をした。「あるところに、処刑台で万事休すの男がいるとする。踏板が外れたあと、どれくらいでロープを切るつもりかい」

私は笑った。言いたいことは分かった。弁護士をじらせるのはもうおしまいだ。「分かった。でも、あとひとつだけやりたいことがある」

そこで、ローゼンバーグがこの弁護士に電話をしてこう伝えた。「サムが、二つの条件と引き換えに改定条項にサインすると言っています。あなたの弁護士費用の権利放棄と、あなたの会社の便箋を使ってこれまでの態度を謝罪することよ」。彼はしぶしぶ同意し、そのとおりにした。

三週間後、彼の会社のシニアパートナーが私に面会を求めてきて、私たちと一緒に朝食をとった。先の弁護士は許可なく手数料を放棄する書類を書いたし、謝罪レターも前例のないことだということだった。

私は、この書類は外には出さないことを約束し、それを守った。そして、この件は私の良い持ちネタになった。

第4章　墓場のダンサー

私たちは楽しく仕事をし、大いに儲けていた。私はビジネスの基本は単純さだと思っている。大事なことはリスクである。もし潜在損失が大きくて潜在利益が小さければ撤退すればよいし、潜在利益が大きくて潜在損失が小さければ取引を行えばよい。あとは、必ずとったリスクに見合う報酬があることと、自分の限界を超えるリスクをとらないことと、失うことができないものをリスクにさらさないことを確認しておけばよい。とにかく単純に徹することだ。四段階のシナリオは、一段階のシナリオよりも失敗する可能性が三回分高いのである。

大学の最初の経済学のクラスで、初日に黒板に書いてあったことに、私は今日まで何回も思いをはせてきた。需要と供給だ。実際、仕事を始めてからは、不動産でも、石油でも、ガスでも、製造業でも、ずっと、この基本教義を理解するために多くの時間を費やしてきた。多くのチャンスは、需要と供給の不均衡のなかに埋め込まれている。例えば、需要が高まっているのに供給は横ばいか減っていることもあれば、需要は変わらなくても供給が減っていることもある。

需給が不均衡なとき、私は二つの線がどこで交差し、買うのと造るのとどちらが安いかを検討する。たいていは買うほうで、このほうが開発に伴うリスクの多くを排除することもできる。私は、代替費用よりもより安く買って競争力を得たいと思っている。

私が需要と供給のファンダメンタルズを重視する姿勢が、思いがけず私の「墓場のダンサー」というあだ名につながった。では、説明しよう。

一九七〇年代前半までに、私の投資のテーマだった高成長の小都市の案件は少しずつ減っていった。多くの投資家がこのアイデアに目を付け、これらの都市への投資に資本が競合するようになると利益還元率が下がり、これらの市場の不動産が値上がりしたからだ。そのため、私は少しの期間、既存の物件を買う代わりに、新規の不動産開発案件に出資することにした。プロジェクトにかかわるすべてのリスクを負うデベロッパーと違い、先が見通せる節目ごとに資金を提供していくことにしたのだ。

私たちは、デベロッパーがシャベルを入れる前に、パートナーになる。そして、建設が終わると、一定期間に合意した金額を支払い、物件の支配権を得た。一部を前金で支払い、一部を完成時に支払い、残りは建物の占有率が八〇％になったところで支払う。また、税効率が最適になる契約の仕組みも考えた。これは私の持ち分にも有利に働き、手堅い収益につながった。

一九七三年、私は商業不動産の需要と供給が均衡とはかけ離れていることに気づき始めた。前兆は、私たちが所有するフロリダ州オーランドのキャピストラーノのアパートだった。これは絶景の湖のほとりにあるプロジェクトだった。一九七一年に完成し、一年で全室が埋まったが、一九七三年半ばになると、その周りに六つのアパート建設が始まった。ディズニー・ワールドの拡張計画で、この地域の家族向けアパートには桁外れの成長が見込まれていたのだ。こうなると、最高の物件かどうかなど関係なかった。単純に供給が多すぎたのだ。価格は大きく割り引かれ、賃料は下がり、私たちを含めみんなが苦しんだ。国内のほかの物件でも同じことが起こっているのではないかと思い調べてみると、アメリカ中で同じようなことが起こっていた。不動産業界は建設バブルに入って天井知らずになっていたのだ。これはまずいことになりそうだ。

住宅市場には、一九七〇年代初めに新たに流入した資金の影響が見え始めていた。一つは不動産業界への熱心な貸し手である銀行や保険会社だった。彼らは、年初に投資用の貸付資本（例えば、五〇億ドル）を用意する。その資金を、各支店が債券、株、そして不動産に配分し、年末に投資していない資本を親会社に返還することになっていた。しかし支店は当然ながら、資本を親会社に返すようなことはしない。一九七〇年代の貸し手は、インフレ率よりもはるかに低い額面金利で貸し出し、それをマーケットシェアの維持と従業員の雇用確保という理由で正当化していた。組織的で官僚的な発想の典型と言える。

もう一つ、業界に新たに大量の資金を流入させていたのが、初期のＲＥＩＴ（不動産投資信託）だった。一九六九年、ジム・ハーパーがＲＥＩＴを使って短期の商業建築用ローンの資金を調達する仕組みを考えた。その結果、建設関連のＲＥＩＴの規模は三年で一〇億ドルから二一〇億ドルに膨れ上がり、膨大な数の不動産開発をあと押しした。さまざまな会社がＲＥＩＴを次々と発行していった。これはリスクを考えずにぼろ儲けできる仕組みで、需要に応じるのではなく、業界が需要を生み出すことができるという触れ込みだった。しかし、結果は予想にたがわなかった。供給過剰が損失を招き、二一〇億ドルのＲＥＩＴ市場はわずか二年で一一〇億ドルに縮小した。

アメリカの不動産業界で、開発される案件の数が、需要ではなく資金量によって決まることは、かつてからある重大な欠陥だった。この業界では、資金があると、完成後にだれが入居するのかを考えずに、建物を建てすぎてしまうという長い歴史があるのだ。

このころ、建設用クレーンが大都市の至るところで見られたが、アメリカは不況に向かい始めていた。供給は増えていたが、需要の見通しはあまりなかった。私は、この先供給がますます過剰になり、いずれ暴落すると確信した。

そして、ついに「ストップ」をかけた。もうたくさんだ。

私は資産を買うのをやめ、資本を蓄積し始めた。私にとって、それまでで最大の買いのチャンスが来ると確信していたからだ。私は、五年以内にディストレスト不動産を買いまくって大儲けするチャンスが訪れると考えていた。そこで、資産運用会社のファースト・プロパティ・マネジメント・カンパニー（ＦＰＭ）を設立し、ディストレスト資産に集中的に投資することにした。

みんなは、私がおかしくなったと思った。何と言っても、占有率は九〇％を超えており、アブソープションレート（稼働床面積の割合）も高かったからだ。雇用は順調で、私はいつものように、みんなに「君は何も分かってない」と言われた。

しかし、私は耳を貸さなかった。音楽はまだ鳴っていたが、私は脇によけることにした。これは、私が仕事を始めてからとった最大のリスクだった。このころ、私の会社にはいつも投資してくれている投資家たちがいた。もし私がお辞儀をしてパーティーから退出したあとに何も起こらなかったら、彼らはどう思うだろうか。そうなれば、私は彼らの潜在利益をみすみすとり逃すことになる。これは自分を信じ切れるかどうかの試練だった。しかし、私は需要と供給の理論に従わなければならないと思った。

結局、私は正しかった。それから一年もたたない一九七四年に、市場は暴落したのだ。大幅に、だ。私たちは、翌日から半値になった資産を買い始めた。

当時の金融機関は、まだ時価評価を取り入れていなかった。つまり、彼らは売却する資産の簿価を現在の市場価値に修正しなくてもよかった。例えば、保険会社は、時価評価を行う代わりに契約を見直して五年以内に価格が元の水準に戻れば、帳簿に損失を計上しないですむ。そこで、私たちが彼らに解決策を提示した。私は、問題を見つけるだけでなく解決策を示す人こそが起業家だと思っている。

私は、物件をひとつひとつ確認し、既存のキャッシュフローに基づいて、どの程度の債務返済が可能か計算した。そして、より低い金利で債務を借り換え、市場が回復するまでの間にその会社が債務不履行に陥らないように限定的なキャッシュフロー保障を付けて評価額を下げさせたのだ。

例えば、あるアパートに七％のローンが一〇年間ついており、アパート自体の返済能力は四％であるとき、私の保証をつければ、貸し手は保証期間はデフォルトに陥らない。私は実質的に資本を投入することなく、三年間（私はこれくらいで市場の需給が再び均衡すると考えていた）、必要時に限定的な保証をするだけで、ローンを継続することができる。これがうまくいったのは、貸し手の唯一の選択肢が資産を差し押さえることで、そうなれば彼らはその物件を管理しなければならないが、それはしたくなかったからだ。彼らは、これらのビルを管理する体制を備えていなかった。しかし、私たちにはそれができ、いつでも引き受ける準備ができていた。供給はいくらでもあり、チャンスはアパートから商業ビルやオフィスビルへと広がっていった。一九七四～一九七七年にかけて、私たちは約四〇億ドルの不動産を、希望証書とともに買いまくった。

通常、私が買うビルにあまり共通点はない。強いて言えば、一つは代替費用よりも安いことである。もし単位面積当たり一万ドルの賃貸物件があって、一方で、新規開発の埋没費用が単位面積当たり二万ドルかかるならば、新規開発は割に合わないことになる。

二つ目は、質が高くて立地が良いことである。このような物件はどのような景気状況でもマーケットを上回るパフォーマンスを上げることが多い。テナントは景気が良いときは動かないが、景気が悪くなると賃料が下がるため、より良い物件に移る傾向がある。つまり、良い資産はより安定的なキャッシュフローを生み出し、それが下方リスクを抑えることにつながるのである。

また、私は維持管理が遅れている物件を選ぶことも多い。建物は良くても、修繕や改修が行われていないような物件だ。改善の余地があるということは、借り手を増やし、より高い賃料で貸すこともできる可能性があるため、資産価値をより高めることができる。

たくさんの物件を効率的に管理し、その価値を守り、改善するために必要な手入れをしていくためには、管理を社内ですべきだということは分かっていた。そこで登場するのが、新しく設立したディストレスト資産の管理会社のFPMだった。私たちは新たに買い入れた四〇億ドル相当の資産（アパート、オフィスビル、ショッピングセンター、ホテルほか）を、FRMで管理することにした。

一九七〇年代は、私たちにとって最悪の年にもなり得たし、実際に不動産業界の多くの会社がそうなった。しかし、私たちは素晴らしい波に乗ることができた。私の会社は、一九七〇年代の終わりまでに膨大かつ分散した不動産ポートフォリオを所有することになり、その一部はのちに業界最大手のＲＥＩＴに成長した。

何年もあとになって、私はみんなから「何をいつ買うべきかどうして知ったのか」と聞かれた。私がこのときしたことは、インフレ環境下で固定金利商品を使った大規模なアービトラージにすぎない。おおまかに言えば、インフレ率が九％以上の環境で、四〇億ドルのノンリコース型債務を平均六％で買ったのである。つまり、契約した途端に、何もしなくても三％のリターンは確保できていた。もちろん、私たちは素晴らしい物件を選んで買っていたが、すべてがＡクラスのものだったわけではない。ただ、全体として、インフレ率よりも低い（ものによっては三～四％低い）固定金利で、巨額のノンリコース債務を構築したのである。私たちは、買い始めのころは五年間で五〇〇〇万ドル程度の利益を見込んでいた（今日の価値で約二億五〇〇〇万ドル）。想定外だったのは、ジミー・カーター大統領の誕生だった。カーター政権では、やることすべてがインフレにつながり、私たちは予想をはるかに超える利益を上げるに至った。

このころ、私はリアル・エステート・レビュー誌に「墓場のダンサー」と題する記事を寄稿した。このタイトルに込めた意味は、今では少し滑稽かつ間違って私のあだ名になっている。私は墓場で踊っていたというよりも、むしろ死人を生き返らせていたのだ。記事の一部を紹介しよう。

ベストセラーリストのフィクション部門を見ていると、ぜひ書くべき小説があることに気づいた。タイトルは『墓場のダンサー』。アメリカ史上最大の不動産貸付と建築ブームによって生み出され、今では死体同然となっている不動産を復活させることに打ち込んだ人物と会社の物語だ。アーサー・ヘイリーやハロルド・ロビンズは、彼らの作品が持つ興奮と筋書に共通するこの素晴らしいベストセラーのアイデアをなぜか見逃したようだ。

この誇大表現は、非常に重要な事実を明かしている。墓場のダンスの本質は、再出発する価値があるものを再生するチャンスだったのである。また、これは自分が不動産を再生できるかどうかの賭けでもあった。当時は参入費用が安かったため、私はそのリスクをとることができた。

墓場のダンスには、自信と楽観と信念と、それなりの勇気がいる。ただ、実際に引き金を引かなければ、どんなチャンスがあってもつかめない。

私のお気に入りの寓話のひとつに、モイシェという男の話がある。彼は、ブルックリンで家電用品店を営んでいる気が利くユダヤ人だ。彼の店は、長年とてもうまくいっていたが、近所の人たちが次々と引っ越してしまうと経営が苦しくなった。ある土曜日、モイシェはシナゴーグで神に助けを求めた。「神さま、これまであなたに何も求めたことはありませんが、私はずっと敬虔な信者でした。私は今問題を抱えています。店がつぶれかけているのです。どうか、私に宝くじを当ててください」

翌朝、モイシェが新聞で宝くじの当選番号を調べると、当たっていなかった。次の土曜日、彼は再びシナゴーグに行った。状況はますます悪化しており、彼はより熱心に祈った。「神さま、状況はより深刻です。債権者が毎日電話を掛けてきます。お願いです。これまであなたに何も求めたことはありませんが、どうしても宝くじの賞金が必要なのです」

翌朝、モイシェはまた新聞で当選番号を調べたが、やはり当たっていなかった。三回目の土曜日、彼は必死の想いでシナゴーグに行って再び祈った。「神さま、私には宝くじの賞金が必要なのです」。すると、天から神の声が聞こえてきた。「モイシェ、宝くじを買うのだ」。打席に立たなければヒットを打つことはできないという教えである。

＊　＊　＊　＊　＊　＊　＊

一九七〇年代半ばになると、私たちの評判は広まり、年末にはすでに取引をした相手や、これから取引を望む人たちから贈り物が大量に届くようになった。私は、カレンダーやペンやとてつもない数のキーホルダーなどをもらった。何かお返しをしなければとも思ったが、私たちの社名をつけた使い捨ての小物など作りたくはなかった。それよりも、何かもっと意味深いもの、私たちの考えていることやマーケットの見方などを伝えられるものを送りたかった。そこで、ルーサイト（アクリル樹脂）のブロックに「私たちは苦しくても数字に従う」と彫った小物を作ることにした。この言葉は、ファンダメンタルズ的な真実に対する私たちの欲求不満を表している。私たちは取引をしたいが、価値のないものはいらない。そして、私たちの大原則は、必ず自分の資金を賭けることである。私たちは、数字が別の道を行けと言うときは無理に契約をしない。一九七〇年代前半の建設ブームのときはみんな興奮状態だったが、私たちはその騒ぎには加わらなかった。「数字に従う」とは、数字が示唆することは必ず守るということで、たとえそれが望むことでなくても従う。もちろん、それによって最高の取引を逃すこともある。

私は、一九七六年の「墓場のダンサー」の記事を、重要な警告で締めくくった。「墓場のダンスはさまざまな潜在利益があるアートだ。しかし、あまり飛び跳ねて墓穴に落ちないように気をつけなければならない。ダンス（dance）と絞首刑（danced upon）は、たいていは紙一重なのだ」

警戒は欠かせない。一九八〇年代が良い証拠だ。この記事が出てから八年後の一九八四年、私は同じ雑誌に「墓場のダンサー再び」という記事を書いた。時代は変化していた。私は「リップ・バン・ウィンクルのように、墓場のダンサーも不動産ブームの合間は冬眠している」と書いた。

案の定、一九八〇年代半ばになると、一〇年前よりもさらに広範囲で恐ろしい開発ブームの兆しが見えてきた。再び過剰な資本が需要を無視して供給過多を招こうとしていた。最初は促進策によって不動産は比較的魅力的になっていたが、またもや業界の規律のなさが破綻を招いた。

私たちは再びバブルの兆しを見つけ、その見通しに基づいて戦略を大きく変えた。一九八〇年に、ボブ・ルリーと私は、不動産市場が良くない方向に向かっている理由を書き出してみた。一つ目は、私たちの前回の成功のカギとなった市場の非効率性だった。不動産業界はいつも評価と予測が大きくかけ離れていたが、ヒューレット・パッカードの金融電卓が登場したことで、その状況が急速に変わった。突然、不動産の所有者は、ＭＢＡ（経営学修士）を雇えばＨＰ－12Ｃを使って一〇年間のキャッシュフローを計算し（ただし不況や家賃の落ち込みは考慮されていない）、複雑で洗練された投資計画を作ることができるようになったのだ。そして、それを見た熱心な投資家が大勢集まってきた。ただ、私たちはそこで競争するつもりはなかった。二つ目に、それまで貸し手は固定金利で長期のノンリコースローンを行っていたが、一九七〇年代のインフレを恐れて、短期の変動金利ローンに変更していった。私は、不動産の儲けを上げるためにはインフレシナリオで長期間、固定金利で借りるべきだと思っている。いずれローンの価値が下がると、借り手の持ち分が増えるからだ。三つ目に、私たちは、不動産には流動性がない分、いつも節税効果を考えているが、売り手が突然、資産価格に税効果の価値を含めるようになったことだった。

そこで、私たちは「不動産でこれまで成功してきたということは、私たちが優れたビジネスマンということではないか。それならば、不動産を買うときの原則はほかの資産を買うときにも応用できるのではないか」と考えた。試しに私たちが不動産を買うときの条件

（需要と供給、参入障壁、節税効果など）を確認していくと、ほかの資産を買うときとほとんど変わらないことが分かった。そこで、私たちは投資ポートフォリオを分散して、一九九〇年までに不動産以外の資産を五〇％まで引き上げることにした。

私たちは対象を資産集約型で財務内容が良くない会社に絞ることにした。不動産の場合と似たようなテーマだ。私たちが資産集約型の投資を好むのは、最悪の事態に陥っても売却するものがあるからだ。そして、その条件にぴったりと合ったのがローテクの製造業や、農薬業界だった。前者は、エンジニアリングが専門で、機械がとにかく好きなルリーが担当することになった。

これは大きな方針転換だった。そして、この時期、私は人生においても新しい挑戦に踏み切った。一九七九年六月に、シャロンと再婚したのだ。ジャネットとはその四年前に離婚したが、子供やのちには孫を含めて連絡は取り合っていた。

シャロンとは、友人兼仕事仲間が絶対に合うからと言って設定したブラインドデートで出会った。彼女はかつてルイジアナ州代表からミスＵＳＡに輝いた美人で、私たちはすぐに意気投合した。一緒に食事をしたとき、二人ともクロスワードパズルが好きだと分かったので、私はホテルの部屋にニューヨーク・タイムズ紙の日曜版のクロスワードがあるから一緒にやらないかと誘った。私は本当にパズルに誘っただけだったが、彼女は誤解したため、結局、ホテルのプールサイドで夜一一時までクロスワードをすることになった。そのあと真剣交際が始まり、二～三年後に結婚した。彼女には前夫との間に一一歳のケリーという娘がおり、私は一生懸命話をして結婚を承諾してもらった。二人とシカゴで一緒に暮らし始めると、私はケリーをバイクに乗せて学校に送っていくようになった。そして、彼女が一八歳になったとき、正式に養子として迎えた。

話を仕事に戻すと、不動産のみから「会社」への投資も含めるというルリーと私の決断を、アメリカの景気後退があと押しした。混乱した環境は、私たちのようにチャンスを狙う投資家にとってはうってつけだったからだ。景気の悪化は問題を抱えた会社を生み、再編を余儀なくされたレバレッジ過多の会社は、私たちにとって大きなチャンスだった。狙っていたのは、彼らが安値で売却せざるを得なくなった資産だ。このとき、最大の打撃を受けていたのが、メーカーと建設会社と自動車会社だった。

同じころ、議会は経済再建税法を可決し、営業純損失（ＮＯＬ）を七～一五年繰り延べられるようになった。この営業純損失は、企業がその年の課税所得を過去の損失と相殺することで、その年の課税額を減らすことができる仕組みである。この法律の目的は、経営不振の会社を復活させ、株主にも過去の損失の恩恵を享受できるようにすることにあった。

私たちは、営業純損失が大きい上場会社をすべて調べ、驚くべきことを発見した。この新しい法律が施行されたあとも、これらの会社の株価が変わっていなかったのである。マーケットは損失が繰り延べられることによる重大な追加価値を見逃していたのだ。つまり、これは私たちにとって、営業純損失の支配権を握り、利益を確保したい会社の持ち株会社として使う大きなチャンスだった。もし株価が三ドルで企業価値が四五〇〇万ドルの会社に三億五〇〇〇万ドルの営業純損失があれば、時間をかけてこの〇ドルで評価されている項目を使えば約一億ドルの現金（一ドル当たり二五セントの）を生み出すことができるのである。早速、私たちはこの計画を実行に移した。私たちの戦略は、巨額の営業純損失がある会社を見つけて利益率の高い子会社を傘下に置き、まずは税金を支払わずに資産価値を最大化することである。また、営業純損失は投資のリスクも下げてくれる。しかし、目的は営業純損失を資金化するだけでなく、そのメリットを使って会社を作ることでもあった。この仕組みは、大きなキャピタルゲインのチャンスと、新たなひねりを加えた墓場のダンスを生み出した。

皮肉なことに、買収を予定しているメーカーの持ち株会社として最初に見つけた営業純損失会社は、もともと不動産の会社だった。グレート・アメリカン・マネジメント・アンド・インベストメント・コープ（GAMI）は、かつてはアメリカ第六位のREITだったのだ。彼らは、抵当権を担保に建設ローンを提供していたが、一九七三年の不況でレバレッジ過多に陥っていた。

GAMIの帳簿には一億三〇〇〇万ドルの営業純損失とともに、差し押さえたホテルやアパートも大量にあった。私たちはこれらの資産を売却し、売却額を最大化するため、買い手に融資を行った。そして、これらの貸付金を担保に黒字会社の買収資金を調達した。

当時、銀行は担保に取る株を制限していた。高い準備金を積まなければならないからだ。そして、私たちのバランスシートにある株は、貸出基準額が非常に低かった。その一方で、貸付金を担保にすると、銀行の貸出額は劇的に増えた。私は、巨額の資本を消費する者として、常に貸し手の動機と信用供与の方法を理解するようにしている。

GAMIの最大の子会社はイーグル・インダストリースで、この会社はハイテクとは言えない会社（例えば、エアコンメーカー）を多く所有していた。私たちは、規模の拡大に合わせてさまざまな会社を一社ずつ買収していった。そして、営業純損失をタックスシェルターにして、GAMIを多様な会社を傘下に置く持ち株会社にしていった。

当時、ほかにも同じことをする人がいたはずだと思うかもしれないが、あまりいなかった。営業純損失は、複雑で難解なルールを理解する必要があったため、利用するのが極めて難しかったからだ。そう書くと、私の単純に徹するという信念に反するように聞こえるかもしれないが、そのおかげで競争がなかった。営業純損失は、その性質が参入障壁になっていたのだ。交渉が得意な連中も、多くが営業純損失の規則を把握しきれておらず、私たちのような買い手は少なかった。

率直に言って、競争が少ないのならばそれに越したことはない。たとえ天才でも、競争が多ければあまり意味はない。私は、仕事において破壊につながるようなことは極力避けてきた。競争は人の評価を歪め、買い手の対抗心を煽り、その資産への執着が理屈を越えて価格を釣り上げていく。

冗談で競争は素晴らしいことだと言うことはある。ただし、それは相手にとってのことだ。私にとっては自然に独占状態になるのが理想で、それができなければ寡占でもよい。

ＧＡＭＩに取り組み始めて間もなく、私たちは次の営業純損失のチャンスを見つけた。一九六七年にコンピューターリース会社として設立されたアイテルというコングロマリットだ。アイテルはその後、業務を拡大して航空機や鉄道車両、運送用コンテナなどのリースも始めた。この会社は、一九七〇年代を通してやりすぎで知られた不敵な巨大企業だった。経営陣は贅沢なパーティーを開き、本部にはペリエの水飲み器があり、幹部の部屋にはペルシャ絨毯が敷かれ、重役には巨額のボーナスが支払われていた。経営が悪化し始めてからも、営業部隊を一五〇万ドルかけてカリブ海クルーズに行かせるような会社だったのだ。一九八一年、アイテルはアメリカ史上最大級の負債を抱えて破産し、一九八三年にコンテナと鉄道車両のリースを核に再生した。そのときの営業純損失が四億五〇〇〇万ドルで、キャッシュフローはとんとんだった。

この会社に目をつけたのはそのころだった。私たちは、株価が三ドルのときに買い始め、持ち分が五％に達したところで取締役への参加を希望したが、丁重に断られた。拒否されるのには慣れているのでにこやかに引き下がり、株をさらに積み増して持ち分が二二％になった。今度は取締役会も再考せざるを得なくなり、一九八五年四月に、私は会長兼CEO（最高経営責任者）に選出された。アイテルは破産以来、管財人が運営し、そのままCEOを務めていた。ただ、この管財人は八〇歳近い高齢で、週に二～三日しか出社せず、経営に没頭しているとは言い難かった。彼は、年次株主総会で私にバトンを渡した。このとき約三〇〇人が出席していたが、部屋を見回すと険悪なムードを嫌でも感じた。株主たちは腹を立て、疑いの目を向けていた。これまで過大な潜在成長力について、たくさんの人たちから繰り返し聞かされ続けてきたからだ。私は壇上に上がり、会社をどのように変革するか説明した。たくさんの会社を買収し、営業純損失を利用して成長していくという計画だ。

株主の一人が立ち上がった。「すみません。これまで経営陣にさんざん買収について聞かされてきましたが、何も実行されませんでした。あなたは実際の買収にどれくらい近づいているのですか」

どう答えたらよいのだろうか。これまでと違うのは、私がただの経営者ではなく所有者、いやアクティブ所有者ということだ。しかし、彼の口調には、参加者全員の鬱積したイラ立ちが込められていた。具体的に進めていた案件はあったが、この場で詳しく語るつもりはなかった。しかし、それまで経営陣が繰り返してきた言い分とは違うということを知らせる必要もあった。そこで、私はいつものように、比喩を使って趣旨を伝えることにした。

「想像してみてください。あなたは素晴らしいレストランにいます。テーブルには白いテーブルクロスがかけられ、ロウソクが灯され、向かいの席には美しい女性が座っています。素晴らしい食事とワインを堪能し、今はポートワインをすすっています。静かな音楽が流れるなか、あなたと彼女は目と目を見つめ合っています。ここで質問です。『あなたはどれくらい近づいているのですか』」

部屋は笑いの渦に包まれ、緊張感は消え去った。信頼を得たかどうかはともかく、彼らの怒りは静まった。ただ、本気を示すために、すぐに行動しなければならないことも分かっていた。

アイテルには三つの部門（海上コンテナ、鉄道車両、その他）があった。このうちのその他部門は、詳細の分からない機器やリース契約の寄せ集めだった。そこで、必要な資本を得るため、まずは雑多な資産をすべて売却して五〇〇〇万ドルを手に入れた。

海上コンテナのリース業界は、約七社が寡占しており、アイテルは第四位だった。そこで、私たちは第三位の会社を買い、そのあと第七位を買って第一位になった。戦略は単純だった。仮に、アイテルの収益が一億ドル、経費が五〇〇〇万ドルで、第三位の会社の収益と経費も同じだとする。両社は、それぞれ広範囲で運営し、物流システムを持っているため、各地でそれぞれ設備やコンピューターシステムなどを所有している。もし重複分を除くことができれば、利益率を二〇％上げることができる。

私は、このとき初めて合併の素晴らしい「相乗効果」を謳った提案に耳を傾けた。これまで私は投資家としてもリスクテイカーとしても、いつも何が達成できるかに注目してきた。抱き合わせ販売や、そのほかの目に見えないメリットを期待して会社を買うことは、正当化できる以上のリスクがあるように思えた。そのため、私は重複を排して、経営資本を目に見えて減らすことに集中することにした。この発想は、のちにさまざまな業界（ドラッグストアからラジオ局、スーパーマーケットなど）にも生かされることになる。重複は理論的な付加価値のチャンスよりもはるかに予想しやすいし、分かりやすい。私は常に下方リスクに注目している。過度に楽観的な想定は、企業買収の墓場につながっているのである。

最後に、私たちは鉄道車両事業について、この先の見通しを理解しようとした。当時、鉄道車両を所有するなど最悪な投資だと思われていた。私は「数字を確認しよう」と提案し、もちろん需要と供給に基づいたチャンスを見つけた。

この業界は、一九七九年の一年だけで、一〇万両もの車両を製造していた。一九七〇年代前半の不動産業界と同様、鉄道車両業界も目先の利益と税の優遇措置に引かれて、需要を無視した製造を続けたのだ。このバブルは一九八一年に崩壊し、そのあとの九年間は二万両しか製造されていなかった。同じころ、アメリカ国内の既存車両の六五％が廃棄されていた。そして、需要のほうを見ると、積荷量は同じ水準で安定していた。

需要が変わらず供給が下がっていることを示す二本の線を理解するのに、MIT（マサチューセッツ工科大学）の学位はいらない。ある時点で、二本の線は交差し、そのとき車両を持っている人が大儲けすることになるのは明らかだ。当時、アイテルの車両は需要のなさから三二％しか稼働していなかった。業界全体でも、平均稼働率は古い車両になるとさらに低く、廃車率が増えていた。そうなると、理論的な戦略はアメリカ中の中古車両を買い占めることだと思い、それを実行した。

一九八〇年代半ばに鉄道車両を買うのは、一九七〇年代半ばにアパートを買ったときと似ていた。鉄道車両を製造費（代替費用）の半額以下で買うことができたのだ。私たちのテーマは、需要と供給の線が交差することだけでなく、ライバルの半分の費用で車両を手に入れることだった。それができれば競争力が上がって、より大きな利益が上がるからだ。このときも、みんなは私たちがおかしくなったと思ったが、うまくいった。むしろ、みんながなぜこのチャンスに気づかなかったのか分からない。このとき、私は自分の市場に対する見方に自信があり、大金をつぎ込むだけの信念があった。

一九八八年に行ったアイテル関連の取引の一つが、国内最多の穀物車両とタンク車両を所有していたプルマン・カンパニーの買収だった。この取引をまとめるため、私たちは売り手が所有していたサンタフェ・サウザン・パシフィック鉄道の株式一七％を買い、それによってこの会社の取締役会の席も手に入れた。

サンタフェ・サザン・パシフィック鉄道は、一九八三年のサンタフェ鉄道とサザン・パシフィック鉄道の合併によって誕生し、取締役会も両社の取締役が集まっていたが、そこに私のような人間が加わるのはなかなか想像し難いことだった。取締役は、何と三〇人もいた。当時の取締役会と言えば、素晴らしい経歴だが働き盛りを過ぎた人たちであふれていた。黒っぽいスーツを着た保守的な年配の白人男性が何十人も座っている様子を想像してほしい。そこに、バイク用のヘルメットを小脇に抱えて入っていった私は、そのお偉方とは対照的だった。

私が出席した最初のサンタフェの取締役会はひどいものだった。私は、新人として最初の会は黙っていようと決意して臨み、実行はしたものの、これはかなりの苦痛だった。最初の議題は、幹部の継承計画で、人事の責任者が幹部に予期せぬ惨事が起こった場合の計画を記したパンフレットを配った。おかしなことに、どの幹部の継承者も同じ人物が指名されていた。次の議題は、ＣＥＯの三〇分に及ぶ独白で、途中でも終わってからもだれ一人質問をしなかった。また、その間に一〇人以上の幹部が入れ替わりやってきて、それぞれ一〇分ほど壁際の椅子に座っては去っていった。三人目の幹部が立ち去ろうとするころには、取締役の二人は眠りに入っていた。そして、だれも質問はしない。取締役の多くはこの会社で起こっていることよりも、この二日間に提供される昼食と夕食のメニューのほうに関心があるように見えた。私は大いに失望した。

私は、二回目以降の取締役会では積極的に発言し、意味のない報告が続くなかで、戦略について一人だけ意見を述べた。典型的な例がある会で鉄道部門の責任者が事業予想について述べたあと、翌年の資本的支出の予算は二億五〇〇〇万ドルと報告したときだった。CEOはすぐに次の部門に移ろうとした。

そこで、私は質問した。「すみません。少し戻っていいですか。質問があります。二億五〇〇〇万ドルの経費に対して、期待リターン率はどれくらいですか」

CEOは当惑顔で私を見つめて言った。「質問の意味が分かりません」。質問を受けることに慣れていないようだ。「鉄道を運行するためには線路を修繕する必要があります。そのための経費です」

「しかし、設備投資は利益率と投資リターンに連動していなければなりません。もし利益の出ない線路に経費をかけるのならば、良い経営判断とは言えません」。鉄道部門の責任者とCEOは、この基本的な概念が理解できないまま、ただ私を化け物を見るような目で見つめた。そして、何も言わずに次の議題に移った。

この経験はショックだった。このとき、私はえこひいきと惰性に支配された取締役会の危険性に気づいた。まるで、取締役への指名は役得で、退職金やゴルフ仲間への無条件のプレゼントのようなものになっていた。取締役会の構成と文化に関する私の考えは、サンタフェのそれとは正反対だった。上場会社の会長として、私は常に取締役をお飾りではなく安い経営コンサルタントになってもらうつもりで選出していた。そして、会社の目的を追求するために、彼らを躊躇なく利用し、幹部にもそうさせていた。また、取締役会が開かれるときには、事前に必要な情報をすべて記した資料を用意した。取締役には事前にその資料を読んでもらい、当日の目的は率直な議論をしてもらうことだった。私の会社の取締役会は、騒々しく、頻繁に中断し、質問やコメントが飛び交うことがよくある。そして、私たちは常に取締役のさまざまな知恵の恩恵を受けている。

サンタフェの経験によって、私のなかでは会社には絶対にオーナーが必要だという思いも高まった。長期的な利益のために、短期的なメリットを犠牲にできるオーナーだ。会社のために、展望を持ち、経営陣を導くオーナーだ。そして、会社と経営陣が成功するために資源（追加的な資本、金融の専門知識、銀行との関係など、会社に必要なものすべて）をもたらしてくれるオーナーだ。

私の関心は、常に株主と同じ方向を向いている。私自身が株主で、自分のお金をつぎ込んでいるからだ。そして、私たちの投資会社のエクイティ・グループ・インベストメント（EGI）では、幹部にも必ず自分の資金を出資させている。

私は、取締役にも経営陣にも、まず言うことがある。相手の動機を理解し、相手の関心が自分と同じだと確信できなければ、その人に頼ってはならないということだ。オーナーになり、オーナーらしく行動し、投資をするときは、みんなの関心を一致させるためにできるすべてのことをするということである。

ウォール街の問題（幹部の報酬の問題や会計スキャンダル、ストックオプション付与日の偽装、サブプライムローン問題など）の多くは、関心が一致しておらず、出資していない部外者に頼りすぎることで起こる。同様に、ウォール街のアナリストやヘッジファンドマネジャーや地元のストックピッカーに頼って痛い目に遭った人は、献身的なオーナーではなく、手数料で稼ぐプロの助言に従ってしまったからだと気づくことになる。彼らにとっては、しょせん他人のお金なのである。

私は、それまでやったことがないからやらないという発想には至ったことがない。その好例が、アイテルが一九八七年に買収したアニクスターというワイヤーやケーブルを販売している会社である。

それまで、私たちは破綻した会社を安く、代替費用以下で買い、立て直していくという方針で判断を下していた。しかし、アニクスターはそれとは正反対のケースで、成長していたし、安くもなかった。

一九八六年一一月、メリルリンチからアラン・アニクスターがアニクスター・ブラザーズを簿価の二倍の一株当たり一四ドルで売りたがっているという話を聞いた。

そこで、詳しく調べてみるとアニクスターの簿価は有形資産のみで計算されており、相当額の売り上げや、小口客への販売を可能にする流通網はかなり割り引かれていた。特に、この会社の販売ルートは、この会社で最も価値がある成長資産だったが、その価値がバランスシートには反映されていなかった。この会社に必要なのは、資本とリスクをとることだけだった。

アラン・アニクスターは、キャピタルゲイン税が上がる予定の年度末までにこの契約を締結したがっていた、つまり、私は二週間で判断を下す必要があった。私たちは機敏で、すぐ決断し、素早く処理することができたし、実際そう評価されていた。私の答えは決まった。「やろう」

そうなると、次の問題は「この販売ルートをどう生かすか」ということだった。実は、アイテルは、アニクスターを買収するのにぴったりな会社だった。アイテルの鉄道車両とコンテナは、相当額のキャッシュフローと減価償却をもたらしていたため、この超過キャッシュフローを使ってアニクスターを素早く世界中に拡大することができたからだ。一九九一年、私たちはアイテルのこの小さな子会社に注力することにした。長期的な視野で、ヨーロッパやアジアや南米のさまざまな国に投資して事業を立ち上げ、外国でネットワークを構築するための費用と営業損失を負担することにしたのである。コングロマリットのアイテルは、家族経営のアニクスターよりもリスク選好が高く、実際にも大きなリスクをとっていた。アニクスターを買収したとき、この会社の売り上げは六五〇〇万ドルだった。今日、アニクスターの収益は六〇億ドルを超え、通信ケーブル関連製品の最大手の一社になっている。私は今でも取締役会の議長を務めており、大株主でもある。

アニクスターが急拡大したことでアイテルは成長企業になったため、私たちはそれ以外の持ち株会社の子会社をすべて売却することにした。これは正しい解決策だったが、実行するのは大変だった。一九九二年、私はGEキャピタル・レイルカー・サービスに、アイテルのすべての鉄道車両をリースする提案をした。毎年、約一億五〇〇〇万ドルで一二年間リースし、最後に五億ドルで車両を買い取るオプションが付いた契約である。これは非常に複雑な契約で、アイテルとGEが車両を共同で保管し、保管契約に基づいてGEがアイテルにリース代を支払うのである。車両の数は七万両で、その多くには負債があったり、何百ものリース契約が付いていたりした。契約するまでの迷路のような複雑な過程は、私の仕事人生のなかでも最も苦しい交渉となった。

ＧＥは非常に保守的かつ忍耐強い交渉相手で、私たちのように決断が速く、効率重視の姿勢とは正反対だった。話し合いは新たな問題や遅延や要求などが次々と出てきて、なかなか終わらなかった。それでも九カ月かけて、合意に近づいていたある日、経理担当者が契約書の数字が二セント違うことに気づいた。すると、彼らは取引のすべてを再計算して、間違いを見つけるまで、交渉は二週間頓挫した。二三億ドルの契約のわずか二セントである。

それでもようやく交渉がまとまり、これは双方にとって素晴らしい取引となった。しかし、私はこれを地獄の契約と呼んでいる。合意するまで、ダンテの描いた地獄に落ちていくような気分だったからだ。そして、このあまりにも大変な過程はぜひ覚えておこうと思った。そこで、私は主な登場人物と彼らの役割、そしてこの一年のさまざまな場面を描いた絵の作成を依頼した。こうして出来上がったのが、一八〇センチ×一五〇センチほどの油絵で、ここにはダンテ（この場合はアイテルのCFO［最高財務責任者］のジム・ノックス）の地獄への旅路が描かれている。絵の下には、「ここに入らんとする者はすべての希望を捨てよ」というダンテの脅迫的な警句が入っている。描かれているのはさまざまな関係者――長いリストを確認している坊主頭の男、リスクに対する盾を振りかざしているGEチーム、大量の書類に溺れながら目と耳を覆っている弁護士、そしてIRS（国税庁）や司法省やSEC（証券取引委員会）の面々――である。私は、道化師の姿をしたサルタートル・セプルクリ（ラテン語で「墓場のダンサー」を意味する言葉）として描かれている。これは、私たちの第一一戒である「汝は自らを深刻に考えすぎることなかれ」や、ユーモアのセンスや皮肉やエピソードやジョークを言いたい性格を表現している。この契約に沿える文言は、毎年、一緒に年末のギフトを作っているフランシス・ルイスが、気が利いていて洗練された言葉をダンテ風の韻律で書いてくれた。

私は、この取引にかかわった全員に、この絵のコピーを送り、実物はＥＧＩの正面玄関に飾ってある。契約までの地獄の苦しみを思い出し、「天国」（もっと計画的で常識的で実践的で先が見通せる状況）を目指すためである。

新たな業種に展開し、隠れた営業純損失の価値を実現し始めたころ、私は始めて外国にバイク旅行に出かけた。友人たちとネパールに行ったのだ。カトマンズの空港に着くと、その日は祝日で、ほとんどだれも働いていなかった。私たちはバイクを借りると、ガイドの案内で中心部から約一二キロ離れた町まで川沿いに進み、山脈の麓についた。そこで、昼食を食べるため、毛布の上に座った約二〇人のグループの隣に座った。実は、彼らのほとんどが現地に住むアメリカ人だった。ベトナム戦争の最中に兵役を拒否するために国籍を捨て、そのまま住み着いていたのだ。彼らに誘われて一緒に座り、温かい日差しのなかでワインを飲み、サンドイッチを食べた。そこに近くの山の老女が紙袋を持って近づいてきた。なかには高品質の大麻が入っていて、それを一〇ドルで買わないかと言ってきた。私たちはそれを新しい友人たちと分け合った。話の途中で、隣に座っていた男性に「仕事は何か」と聞かれ、私は「プロのオポチュニスト（日和見主義者）だ」と答えた。それ以来、私はこのたぐいの質問にはこう答えることにしている。

第5章 地獄へ

私は、いつも最悪な事態に陥ったときに本領を発揮するタイプだと思っている。それが最もよく示されたのが、一九九〇年代初めに連続して危機や難題に直面したときだった。始まりは、一九九〇年に起こった最悪の出来事だった。ボブ・ルリーが亡くなったのだ。

このころには、ルリーとパートナーを組んで二〇年がたっており、私たちの友情と信頼と異なる視点と対照的なユーモアや笑いが私たちの会社の基盤となっていた。私たちが成功した秘訣と言ってもよい。彼を失うことなど考えてもみなかったことで、私は個人としても会社としても打ちのめされた。疑問が次々とわいてきた。私たちは驚くほど成功していた。どこまでが彼のおかげで、どこまでが私なのだろうか。しばらくはそんなことばかり考えていた。

一九八七年に、ルリーが直腸がんの診断を受けたとき、彼はまだ四六歳だった。彼はそのことを長いことだれにも、そして私にすら言わなかった。彼は妻に「死ぬ前からみんなが悲しむなんて耐えられない」と言っていたようだ。彼は事態の深刻さを分かっていたが、一九八九年末に動けなくなるまで二年間会社に通い続けた。

ルリーががんだと知ったとき、私は自分でもよく分からない拒否反応に陥った。彼が会社に来られなくなっても、彼は治るという前提で、戻るまでの代わりを務めていたのだ。私は毎日、彼と二～三回話をしたが、会いに行くことはしなかった。彼が万全の状態であるつもりで話をしたいという暗黙の了解があったのだ。彼の肉体的な衰えを見てしまったら、普通の会話はできなくなる。彼の頭は、相変わらず冴えていた。

ルリーが会社に来なくなって二～三カ月たったある土曜日、彼が私の会社の部屋にひょっこり現れた。私は彼の登場と、弱々しい姿に動転した。彼は話があると言って椅子にかけた。そして、私の目をまっすぐ見て言った。「サム、僕は死ぬんだ。それも近いうちに。そのことを分かってくれ」

私はこのとき初めて、この事実に向き合った。そして、ショックで打ちのめされた。私が状況を受け入れられていないことを知っていた彼は、その姿を見せることで状況を打破しようとしたのだ。彼の死が迫っていることは耐え難かった。しかし、私は最後の数カ月間できるかぎり彼と話をし、最期を看取った。

ルリーの誕生日は四月二一日で、彼はいつも四二一という数字に対して縁起を担いでいた。そして、この数字は私たちの人生のなかでなぜか定期的に現れた。彼が亡くなる前夜、ルリーの妻アンと主治医と私は夜通し彼と過ごしていたが、時計が四時二一分になったとき、みんな無言で時計を見ていた。翌朝、彼はホスピスに移り、一九九〇年六月二〇日に亡くなった。私の飛行機の機体記号は今でも４２１ＳＺである。

ルリーが死んで、私の人生に大きな穴がぽっかりと開いた。これはある意味、私の正念場でもあった。会社のほうも、それまでで最も難しい局面を迎えていたのだ。ルリーの死からほんの何週間かで、本格的な景気後退が始まった。そのうえ、貯蓄貸付組合（Ｓ＆Ｌ）の危機やそのほかの理由で不動産関連の貸し付けが減り、私たちを含む高レバレッジの資産所有者は、資金調達ができなくなった。当時、私たちは全米で約二四〇〇人の社員がかかわる不動産や法人資産の大きな投資ポートフォリオを構築し、運用していた。

私の会社は資産は豊富に持っていたが、現金が不足しており、常に資本を必要としていた。数十億ドル規模の会社なのに、社員の給与を払うために懸命に資金をかき集めることもあったのだ。しかも、当時の標準的な貸付契約書は、銀行が危険だと思えばいつでも期日前返済を要求できるようになっていた。そのため、もし一行でも返済を迫れば、ドミノ的に他行が続く可能性があった。そして、業界全体にその兆候が見え始めていた。

この時期、私たちは計り知れないほどのいらだちと不透明感のなかにいた。私はパニックを回避するため、私の仕事人生で唯一本当に困惑した二〇年前の経験に思いをはせた。

一九六九年、まだ若くて自信過剰だった私は次々と案件をまとめていた。当時はある法律事務所の一角を借りて仕事をしており、そこのシニアパートナーがフォード・モーター・ランド・デベロップメント・コーポレーションの社員を紹介してくれた。私たちは、共同で一万八五〇〇平方メートルの事務所と工業用のビルを開発することで合意した。そして、フォードの男性の口約束を信じて、私は二万五〇〇〇ドルの手付金を支払った。当時の私にとってはかなりの大金だ。ところが、本契約の間際になってフォード・モーター・ランドから手を引くと電話があり、私と私の二万五〇〇〇ドルは宙に浮いてしまった。手付金はもちろんだが、約束を守ることができないことが心配だった。これは私にとって初めての危機だった。

私は電話を切ると、法律事務所のシニアパートナーの部屋に駆け込んだ。顔を真っ赤にして怒っていた私は、口が回っていなかった。

一方、このパートナーは常に落ち着いており、穏やかに話すタイプだった。彼が腹を立てたり冷静さを失ったりするのは見たことがなかった。彼は私に席を勧め、静かにゆっくりとしたペースでいくつか質問をした。彼とこの問題をあらゆる角度から検討し、代替案を考えていくうちに、私は自分の血圧が平常に戻るのを感じた。結局、私はこの取引を別のパートナーと実行した。この日、私はこの弁護士のおかげで、リーダーは感情に流されて落ち着きを失ってはならないと学んだ。そして、そのためには自分を安定させるための方法を持っておかなければならない。

私はルリーへの依存と信頼を、これまで構築してきたチーム、特に本社の幹部たちに移す必要があることに気づいた。会社は、混乱を通じてより強力になっていた。私は、この会社を率いることに集中した。

私はさまざまなリストを作るのが得意で、一九九〇年代には問題が起こるたびに、リストを作り、対処した項目を消していった。私の大局的な目標は資産を資金化して流動性を生み出し、チャンスを見つけたら資金を調達し、素晴らしい取引をすることである。私はプロとして、感情にのまれないようにするため、課題を達成することに集中した。

まず必要なのは現金だった。これまで築いてきたものを苦し紛れに売って台なしにするわけにはいかなかったが、現金がなければ事業を継続していくこともできなかった。当時は気づかなかったが、私の仕事人生においてその先何十年にもわたって繰り返し唱えることになった「流動性は価値である」という信念は、この時期に生まれた。

流動性を得るための唯一の手段は資本市場だった。そこで一九九一年に、私にとって初めてのＩＰＯ（新規株式公開）を行った。公開したのはビゴロという肥料会社で、主力は動物や植物にとって重要な栄養素であるカリ（カリウム化合物）関連の製品だった。一九八五年に初めてこの会社に投資したとき、私たちは肥料についてこれっぽっちも知らなかったが、この会社はすべての条件を満たしていた。それに直観的にうまくいくと思った。この会社の人たちが気に入り、お互いの優先事項も一致していたのだ。彼らと直接会ってから一日もたたないうちに、私たちは最初の一〇〇〇万ドルの投資を決めた。

私は、企業投資の経験から資本市場については知っていた。ただ、自分でＩＰＯを手掛けたことはまだなかった。アイテルとＧＡＭＩは、私がかかわったときはすでに上場会社だったのだ。そこで、ある銀行にビゴロのＩＰＯを任せたところ、非常に腹立たしい思いをした。私に自分を守るための知識が足りなかったため、結果的にリスクを移行し、増やしてしまったのだ。ちなみに、私は莫大な資本を消費し続ける者として、安定的に資本を供給してくれる公開市場には大いに敬意を持っている。

そこで、私は株式公開について教えてくれるところに通ってすべてを学び、ＩＰＯを自分ですべて取り仕切ることができるようになった。公開までの過程をすべて管理し、時には公開日の朝の三時までかかってさまざまな買い手に株を配分することもあった。この作業は、すべての買い手を知り、そのなかのだれが投資目的でだれが転売目的かを見極める必要がある。また、私は買い手と個人的な関係を築き、自分の長期的な所有者としての覚悟と責任を示した。私は、だんだん説明会が得意になり、世界中でさまざまな会社のＩＰＯ説明会を何百回も行うことになった。

投資家を引き付けるには、説明だけでなく技術もいる。優位に立つためには、創造的にならなければならない。投資家は毎日一〇社以上の説明を聞いている。彼らには素晴らしく見える会社が殺到しており、私はそのなかの一人でしかない。与えられた四五分で、売り込み、質問に答え、印象を残し、出資をうながすために、私は特性のＴシャツを作った。

このＩＰＯ用のＴシャツを着て、冗談を交えながら印象的な説明をすると評判になり、それがスポンサーへの名刺代わりになった。ビゴロについては、私自身が説明しなかったが、記念に「みんなで出資し、広め、押し上げ、参加し、実現し……儲けよう」というメッセージを入れた緑色のTシャツを作った。

ビゴロは上場して成功し、一九九六年に私たちの持ち分を売却したとき、リターンは最初の投資額の九〇〇%に上った。

私は同じ手法で資金調達のための説明会を行っていたが、それが一九九〇年にはまったく新しい展開を見せた。先述のとおり、当時狙っていたのは過剰な負債を抱えた質の高い不動産だった。そのあと、会社への投資でも似たような展開があり、問題を抱えた会社の株を割り引いて引き受ければ、マーケットが回復するまで態勢を維持する助けになることに気がついた。そこで、私はチルマーク・パートナーズと組んで、一〇億ドルのディストレストファンドを立ち上げた。チルマークの代表のデビッド・ショルティと私は七カ月間で一〇カ国以上の二〇〇人以上の投資家に売り込みの電話を掛けた。そして、世界中を巡って私たちならば財務内容が悪くても優れた会社を探し、問題を解決することができるという説明をして回った。

これはなかなか強行軍だった。あるときなど朝はウィーンにいて、夜はバーゼルで夕食会、翌朝はパリで朝食会という日程だった。こうなると普通の飛行機では間に合わないため、私たちは飛行機をチャーターした。ところが、天候が悪化し、結局、二人で夜中にバーゼル発パリ行きの列車に乗り、三人用の寝台車の小さな二段ベッドで寝た。しかも同室の男性が気になって、結局、ブリーフケースを抱えて寝た。

説明会のことはよく覚えていない。ときどきだれと話をしているのかや、自分が同じ話をしたかどうかが分からなくなることもあった。これは唯一無二の説明会だった。しかし、私たちは最終的に一〇億ドル以上を調達した。これは当時のこの種のファンドとしては最大の規模だったと思う。私たちは、一九八〇年代に過剰な負債を抱え込んだ会社の再生に集中して取り組んだ。そして、投資家と利害が一致するように、自分たちも出資した。また、多くのレバレッジバイアウト（ＬＢＯ）会社と違い、買収のたびに手数料を取ることもしなかった。その代りに、私たちのファンドでは、投資家とリスクもチャンスも分け合っていた。私たちは、投資先の会社を一〇～一二年間所有するという目標を書面で約束していた。一九九五年までに、ほぼすべての資金を投資し、これは案件が停滞していたこの時期としてはなかなかの成果だった。ゼル・チルマーク・ファンドは、クオリティ・フード・センター、カーター・ホーリー・ヘイル、シーリー・コーポレーション、シュウィン・バイシクル・カンパニーをはじめとするさまざまな会社を所有することになった。

このファンドの初期の投資先の一つに、レブコ・ディスカウント・ドラッグ・ストアがあった。破産から再生しようとしているこの会社に、資本を提供することにしたのだ。裁判所が出資を認め、支払いが完了するまでに一～二カ月あり、その間に暫定CEO（最高経営責任者）が私に会いにシカゴに来た。彼は私のことを、会社を四〇％所有するオーナーとしてではなく、あくまで一取締役として扱うという態度を明確に示した。定期的な状況報告を送る以上のことはしないというのだ。私は彼に、お互いにとって生産的な関係を築くためには、私たちの位置付けを再考する必要があると伝えた。

それから二～三週間がたち、このCEOは取締役全員に、新たな規則や条項のリストを送りつけてきた。これらはすべて取締役の権限を剥奪し、それをすべてCEOに移行するということを示していた。このなかには、非常識に近い幹部の新たな報酬体系も含まれていた。私は、このなかで福利厚生権の完全受給資格が五五歳以上と規定してあることに気づいた。そして、このCEOは五七歳だった。当然ながら、取締役会は満場一致でCEOの交代を要求した。これは一九九四年のことで、私がサンタフェの取締役会で悟りを得てから約六年がたっていたが、私は会社には単なる経営者ではなく、資産を率先して守っていくオーナーが必要だという気持ちを新たにした。オーナーとしての判断を下さない取締役会は、会社のパフォーマンスを下げていると言ってよい。

私にとって、ゼル・チルマーク・ファンドで最も思い出深い取引はジェイコーだった。この会社は、シンシナティを拠点にラジオ局を所有している会社で、事業は順調だが財務内容が悪かった。一九九二～一九九六年にかけて、私たちは約七九〇〇万ドルでジェイコーの九〇％の株を手に入れた。この会社はレバレッジ過多で、破産寸前の状態にあった。私たちは、この会社の先順位債権者や後順位債券者や優先株主と交渉し、レバレッジを解消して再編を進めるための複雑な計画を進めた。

当時は、ＦＣＣ（連邦通信委員会）の規定によって一社が所有できるアメリカのＡＭ局とＦＭ局はそれぞれ二〇局（合計四〇局）だった。そのため、ラジオ会社はトランプを切るように局を常に入れ替えて、可能なかぎり最高の二〇局をそろえようとしていた。

この契約がまとまる少し前に、ジェイコーを経営していたランディ・マイケルズとテリー・コブスが、デンバーのＦＭ局の買収資金を求めて私に会いに来た。彼らは、デンバーの別のＦＭ局を所有していたが、今回の会社は赤字会社で非常に安かった。彼らは、分厚い資料をシカゴに持ち込み、私を説得にかかった。

「これは素晴らしい取引ですよ」とマイケルズは請け合った。彼はテーブルに分厚い資料を広げ、説明を始めようとした。

私は「ちょっと待ってくれ。契約の規模は分かっているのかい。それと、なぜ買わなければならないのか説明してほしい」

「はい。詳細はすべてここに書いてあります」。そして、この資料は彼とジェイコブスが何日もかけて無我夢中で今日のために準備したものだと語った。

私は、その資料のファイルを部屋の隅に放った。どさっという音がし、マイケルズとジェイコブスは目を丸くした。

「もし君たちが内容を本当に理解していれば、大量の資料はいらない。一枚の紙にまとめてほしい」。二人はよく分からないという顔をした。

「おそらくここには、これから素晴らしい成果が上がると書いてあるのだろう」。二人は頷いた。

「もし君たちの想定が間違っていたら、どうなるのか知りたい。私はどのように手を引けばいいのか」

「どういう意味ですか」とマイケルズが聞いた。

「最悪のケースはどうなるのか」

両親の20代のころ。母のロシェルと父のバーナードは私にとって不可能を可能にする手本となった。両親はナチに占領されたポーランドから脱出し、アメリカで新たな生活を始めた。

両親が40代のころ。２人はシカゴ地域の中心的な存在になっていた。父はいつも最も大事なことはシェム・トーブ（良い評判）だと言っていた。

５歳ごろの私。1940年代の移民の子供がなりたいものといったらこれしかない？

1963年、大学を卒業し、法科大学院に進むことにした。

1955年の高校時代。すでに初めてのベンチャー事業として、友人にプレイボーイ誌を売り、かなりの利益を上げていた。

ルリーはあるとき、冗談で契約書に「異議が生じたときは、背が高いほうが解決するものとする」と書き込んだ。背の高いほうがどちらだかはこの写真でも明らかだが、異議が解決されることはなかった。

ボブ・ルリーは面白くて、個性的で、分析好きで、創造力あふれる天才だった。私が真のパートナーと呼ぶ唯一の存在で、彼の友情と協力に代わるものはない。

1980年代後半に、私はこの写真を20×25センチに拡大して銀行との話し合いの場で配った。クラーク・ガソリンスタンドを所有するエイペックス石油に出資するという強い意志を私なりに示したのだ。百聞は一見にしかずということもある。

私にとって、バイクは自由の象徴だ。年2回、友人たちと曲がりくねった道を求めて世界中を巡っている。私たちのグループはゼルズエンジェルスを名乗っている。

ポーランドでスピード違反で止められたところ。警官を味方に付けようと、カリフォルニア州サンタフェ群の保安官のワッペンを見せている。

Photograph by Dave Carlson

1999年のギフトとして制作したオルゴールのテーマは「王様は裸だ」。インターネットバブルに対する私の不遜な解釈である。

Photograph by Dave Carlson

私が行ったIPO説明会のTシャツは常に楽しくて要点を突いている。これは1993年に、プレハブ住宅地に対するマイナスイメージに対抗して作ったもの。

Photograph by Dave Carlson

アヒルの会議——私のオフィスの外のデッキで飼っている。

Photograph courtesy of the University of Michigan

ミシガン大学ロス・ビジネス・スクールでの講義。

Photograph by Peter Ross

CNBCの「スクワーク・ボックス」のセットで談笑中。

Photograph by Tim Klein

シカゴ・アイデア・ウイークでの講演。

スキーも人生と同じ姿勢で臨む。スキーの先を下に向けて突っ走るのだ。

Image courtesy of Crain Communications, Inc.

妻のヘレンと私はシュールレアリスムをはじめとするモダンアートに情熱を注いでいる。

私が名刺代わりに配っている「小さな赤い本」のなかのお気に入りの言葉が入ったイラスト。

「それならば、すでにかなり悪い状態です。もし状況が改善できなければ、運転資本の一部を失います。しかし、デンバーのラジオ局で価値が四〇〇万ドルを下回るものはありません。つまり、建物や送信機など、物理的な資産だけでもそれくらいの価値はあります」

「よく分かった。うまくいった場合はどうか」

その答えは、簡単に言えば非常に良かった。そこで私はいった。「進めてくれ」

ただ、二〇局を超えるわけにはいかない。私たちの基本は、常にハブアンドスポーク方式での成長なので、ラジオ局のポートフォリオを地域別に見直し、高成長が見込める地域（例えば、デンバーやタンパ）で集中的に買っていくことにした。そうすれば、運営や番組制作をまとめて行い、地域の広告収入も強化できる。

そうこうしているうちに、一九九六年二月に新しい電気通信法が可決された。このなかには、二〇局の上限を廃止して、視聴率の上限を五〇％とする条項が埋め込まれていた。つまり、ラジオ局をいくつ所有してもよいが、特定の地域のシェアを五〇％以内に抑えなければならないということだ。

これを読んで、私はすぐにマイケルズに電話した。「すぐにシカゴに来てくれ」。そして、やって来た彼に言った。「これは君の仕事人生で最大のチャンスだ。アメリカ中のラジオ局を買い集めるんだ。資金は私が何とかするからとにかく買ってくれ」

大きな違いを生むのはタイミングと実行力だ。ほとんどの利益はこのとき最初に買った一〇〇局、つまり一八～一一八番目の局から上がっている。なぜなら、そのあとは同業社が同じことを始め、競争が増え、価格が上がったからだ。しかし、私たちはそのあとも、ペースは落ちたが買い続けた。同じ地域の大きなポートフォリオから重複部分を除いて経済性を高めるためであり、私たちの平均取得価格は低いままだった。いずれにしても、ジェイコーは先行者利益によってトッププレーヤーになり、私たちにとってもホームランになった。所有するラジオ局の数は、三年間で一七から二四三に増えていた。

ジェイコーは、何十年も保有したいような資産だったが、未公開株ファンドを通じた投資で、一定期間ののちに投資家に資本を返還することが決まっていた。そのため、一九九七年末に私たちは売却の打診を始めた。私たちは羨望に値するポートフォリオを構築しており、ラッシュ・リンボー、ドクター・ローラ・シュレシンジャー、リーザ・ギボンズ、マイケル・リーガンなどといった人気のラジオパーソナリティも確保していた。そのため、ほぼすべての放送局が関心を示し、このなかにはＣＢＳやクリアー・チャンネルも含まれていた。

売却先は、いくつかの理由でクリア・チャンネルが最適だった。私は、創業者でCEOのL・ロウリー・メイズが気に入った。彼は、ジェイコーの経営陣を残すことを約束してくれたし、規制的にも大きな問題はなさそうだった。

一九九九年、ジェイコーをクリア・チャンネルに売却した。そのときは業界のサイクルの天井で、価格は四四億ドルで（相当額の株式で売却）、総リターンは一二三七％になった。これは本当に楽しい投資だった。

ジェイコーへの投資は、マクロ的な出来事でマイクロ的なチャンスを見つけたケースだった。この場合、マクロ的な出来事は新しい法律で、これは営業純損失（NOL）に関する一九八一年経済再建税法と似たような影響があった。私は、世界中の出来事や経済ニュースや会話など、どこでもチャンスの種を見つけることができる。業界や会社の方向を決める大局的な出来事やアノマリーを常に探しているからだ。

しかし、先行者利益は自信がなければ取ることはできない。同業他社がテレコム法案の意味を検討し、それがどのように導入され、自分たちにとって良い変化なのか悪い変化なのか熟考している間に、私たちは行動を起こし、買える局をすべて買っていったのである。

ゼル・チルマーク・ファンドは、食料雑貨店、ラジオ、寝具、スポーツ用品、ドラッグストア、航空会社など一〇社に投資をして、内部利益率二三・五％を上げ、一九九〇～二〇〇〇年に投資資本を二・九倍にした。このファンドの最後の投資をした一九九八年、私はさまざまな人から「次はどんなファンドを作るのか」と質問された。答えは、「次のファンドはない」だった。マーケットが変わり、代替コストを大きく割り込んだディストレスト資産が見つからなくなっていたのだ。私は、資金調達をするだけのためにファンドを運用するつもりはなかった。もし資金を託されたら、特定のテーマを持って投資したかったのだ。私はできるかぎり儲けたいというつもりで投資をしているわけではない。このころ、私は自分と仲間の資金を投資するチャンスを探し始めた。

＊　＊　＊　＊　＊　＊　＊

結局、私は一〇年間で七社（メーカー、旅行、ハードウェア、不動産など）のＩＰＯを行い、総額は二〇億ドルに上った。ゼル・チルマーク・ファンドでは一〇億ドル、ゼル・メリル不動産ファンドでは二〇億ドルを株のみで調達した。また、一九九九年には新たな大型営業純損失案件（アイテルやＧＡＭＩと似たケース）として、ダニエルソン・ホールディング・コーポレーションに投資した。ダニエルソンの場合は、コベンタという会社に集中的に投資することになったため、社名も変更した。コバンタは世界的な廃棄物発電の会社で、私は今でも会長を務めている。また、新興市場の不動産投資を行うためにエクイティ・インターナショナルという投資会社を設立した。さまざまなことを行っているが、規模の大きなチャンスを手掛けるようになって、会社は新たな段階に入っていった。

個人的には、先述のとおり一九九〇年代前半は大変だった。しかも、一九九四年には二回目の離婚をした。シャロンとは少しずつ気持ちが離れていき、一九九三年に実質的な別居状態になった。彼女は多くの時間をアイダホ州サンバレーで過ごすようになり、そこで生活基盤を築いていったが、私の拠点はシカゴだった。私は長年の間に大きな責任を負うようになり、目的を達成するためにはかなりの注目も浴びるようになっていた。そのなかで、こういう立場の人間は何かを犠牲にせざるを得ないと考えるようになっていったのだ。ただ、二人とも正式な離婚を急いではいなかった。シャロンは、今でも友人だ。離婚が成立したころ、私の人生観は変わり始めていた。

第6章

カサンドラ

私は、大好きなジョージ・サンタヤナの言葉を少し言い換えて「過去を思い出せない者は、過ちを繰り返す」と言っている。そして、一九八〇年代の不動産業界に、これ以上ぴったりの言葉はなかった。たくさんのいわゆる不動産のプロ（その多くがほんの一〇年前に破産を経験していた）が、目先の行動に走っていた。今回も、あぶく銭に浮かれていくらでも建て続けられると思い込んでしまったのだ。

一九八七年に起こった株式市場のブラックマンデーは、新たな不景気の発端となった。そして、みんな将来の返済を迫られていた。不動産景気は通常の経済市場よりも遅れる傾向があり、この業界が本格的な影響を受けるのは何年か先になるが、一九八七年末にはすでに手遅れになっていたことが私には分かっていた。それに、今回は単純な景気循環の底ではないことも分かっていた。私たちは劇的な崩壊に直面し、業界には大きなファンダメンタルズ的変化が起ころうとしていたのだ。私はみんなに危機が迫っていることを伝えたが、だれも耳を貸さなかった。残念ながら、気球に乗っている人は、針を持っている人を見ないようにする傾向がある。

そこで、私は「カサンドラから愛をこめて」と題した記事をリアル・エステート・イシューズ誌の一九八八年三月号に投稿した。カサンドラはギリシャ神話に出てくる王女で、アポロから正確な予言力を授かったが、それをだれも信じないという呪いをかけられていた。私は記事のなかで、不動産業界に差し迫った危機を警告したが、もちろんだれも真剣に耳を傾けなかった。

私は自分が目にしたパニックについて書いた。まだ断片的ではあったが広がり始めており、落ち込みは恐ろしいほど軽視されていた。みんなそれがいつ終わるのかと聞いてきたが、問題はそこではなかった。

このとき、私が記事で指摘したとおり、不動産業界には構造的な変化が起こっていた。そのため、今回の山と谷は、通常のバブルと崩壊のサイクルよりも大きくなっていたのだ。要因の一つが供給過剰だということは間違いなかったが、マーケットではほかにもさまざまな問題が積み重なって損害が拡大していた。

私はこのときのぼんやりした感覚が、手術後の患者が回復室で目を覚ますのと似ている気がした。損失の大きさと回復の程度すらまだ分からないながらも、最初の反応は最悪な状況が過ぎ、回復に向かっているという感じだ。しかし、足を折った患者の予後は、足を切断した患者のそれとはかなり違う。目覚めた患者は、麻酔が切れて、現実を理解するまでその違いが分からない。当時の不動産業界にとって、麻酔は日本からの投資で、それが過剰な建設と過剰な投資につながり、業界で永続的な変化が起こっていた。

このなかには、貯蓄貸付組合（Ｓ＆Ｌ）の危機によって不動産への熱心な貸し手が淘汰されたことや、極端な税制改革なども含まれていた。Ｓ＆Ｌは、連邦政府が保証する長期の固定金利ローンを提供していた。しかし、インフレ率が上がってＦＲＢ（連邦準備制度理事会）が金利を倍にすると、Ｓ＆Ｌはマネーマーケットに対抗できなくなってビジネスと財源を失った。そのため、彼らは捨て鉢でリスクの高い投機的な貸し出しを行ったり、なかには不正にかかわったりするところも現れて、状況は悪化した。

瀕死のＳ＆Ｌに加えて、一九八六年税制改革法（ＴＲＡ86）が不動産業界をさらに追い詰めた。不動産投資の主な動機であるキャピタルゲインやそのほかの税制優遇措置が見直されたからだ。ＴＲＡ86が施行されるまで、不動産の投資家の多くは受身だった。不動産シンジケートに参加していた人たち（多くは医者や弁護士や私の父のような実業家）は共同で物件を買って、管理会社に運営させていた。そして、不動産の減価償却費とほかの収入を相殺して税控除を受けていた。これはなかなかうまい取引だった。しかし、ＴＲＡ86によって税制上の恩恵が大幅に減ると、投資家にとっての不動産価値は劇的に下がった。

私は「カサンドラ」の記事でこの状況を説明し、「今起こっていることは、たくましいが消耗している業界にとって苦い薬である。しかし、過去の過剰な建設と需要の構造的な変化を認めて区別しなければ、その用途と適正価格を見極めるときに、歴史を考慮しないでトロイの門を開けてしまった人たちと同じような過ちを犯すことになる」

この記事は随分批判された。なかには、「ゼルがこのような悲観的な記事を書き続けるのは、良い案件を独り占めしたいからだ」などと言う人もいた。彼らは私の言い分が悲観的ではなく、現実的だということを理解していなかった。私は現実をしっかりと見ていた。

一九七〇年代と一九八〇年代のチャンスには、もうひとつ大きな違いがあった。一九七〇年代の不動産危機は、非常に安い価格で不動産を購入する機会を提供してくれた。売り手は市場価格に照らして簿価を切り下げる必要がなかったため、融資を提供してくれたからだ。しかし、一九八〇年代には所有者が評価損を計上しなければならなかったため、値下がりした資産を買うためには膨大な現金が必要だった。

　そこで、私はメリルリンチに電話をかけて「オポチュニティファンドを作って投資家から現金を集め、私と共同でディストレスト不動産を買いたい」と提案した。私を含めてだれもこのようなファンドを作ったことはなかったが、メリルは大賛成してくれた。彼らは最初のファンドの目標額の五％を出資し、残りを調達すると言ってくれた。

　しかし、六カ月たっても、出資者は見つからなかった。一人もだ。そこで、私は自分で売り込むことにした。期間は一九八九年五月一〇日～六月三〇日の五二日間だ。私は、資金調達は直接会って説明すべきだと思っている。そこで、メリルの担当者と一緒に四二日間さまざまな都市を周り、各地で三～四日ずつすべての説明会を自分で行った。私のことを知っている人は、私がスーツやネクタイが苦手なことを知っている。しかし、このときは儀式として飛行機が着陸態勢に入るとスーツとネクタイを身に着け、説明会に行き、終わって飛行機に戻るといつものジーンズとセーターに着替えるということをした。そして、次の都市に向かい、着陸前に再び着替えるのだ。こうして、私は四億ドル（今日の価格で約七億八五〇〇万ドル）を調達した。最終日の夕食会ではメリルのチームがピンストライプのスーツにシャツとネクタイが縫いつけてあり、ジッパーひとつで着脱できるスーツをプレゼントしてくれた。このスーツはそのあと何年間も私の会社の部屋に飾ってあった。

説明会を始めてみると、この資金調達の難しさは、出資者が今回の危機を認識していないことだと分かった。彼らはまだバブル気分でいたのだ。それではこのチャンスを理解できない。

例えば、次のような場面を想像してほしい。私が会場に入り、最初に「史上最悪の不動産暴落が起ころうとしています」と言うと、観客は私を見て「どういう意味だ。今年は不動産で一二％のリターンが上がっているぞ」などと言うのである。そうなると、私はファンドの説明を始める前に、今起こっていることを理解してもらう必要があった。そこで、空き室率をはじめとするさまざまな数字を挙げて暴落の条件がすべてそろっていることを示していった。それからやっと、このファンドで暴落した物件を買えば大きな利益が上がると明言するのだ。

案の定、それから二～三年（一九九〇年代初めごろ）で、不動産市場の崩壊はますます明らかになっていった。民間の不動産の多くは八〇～九〇％のレバレッジがかかっていたが、入居率も賃貸率も下がって返済を続けるのが難しくなっていた。そして、何十年も不動産業界を支配してきた大手企業の多くが破産した。この状況は、世界大恐慌以来、最悪の不動産危機と呼ばれるようになった。

私は、一九九〇年一〇月に行われた業界のイベントの基調演説で、この時の状況を「一九九五年まで生き延びる」と名づけ、これは業界の合言葉になった。結局のところ、生き延びて資産を確保することができなければ、どれほど賢く立ち回っても意味はない。四年後、マーケットには生き延びる兆しが見え始め、最悪の状況は脱した。私は不動産業界の奮闘を記念して、ビージースの「ステイン・アライブ」の替え歌を作り、プロの歌手を雇ってレコーディングをした。そして、傾きかけたオフィスビルを必死で支える四人の幹部をかたどった鉄製の特注オルゴールを制作した。

余談になるが、私が一九七〇年代から毎年作っている特注のギフトは年を追うごとに精巧になり（限界に挑みたくなるのが私の欠点だ）、今日ではロボット型の動くオルゴールになっている。贈る相手もどんどん増えて、今では友人や同僚や仕事関係者など六〇〇人に上っている。そして、受け取った人たちの反応も楽しい。世界中のさまざまな会社の幹部の部屋に、私のロボットたちが整列していたりするのである。そして、彼らはこの曲を友人に聞かせたり、歌詞について話をしたりしている。これらのロボットは、目新しいし、会話のきっかけになり、それが私たちのエクイティというブランドを唯一無二の存在にしている。

替え歌の歌詞はこうなっている。

見てのとおり、俺は有言実行してきた
俺は不動産屋だ、話がある
マーケットは冷えきっていたが、少し温まってきた
税制改革以来、俺たちはいじめられてきた
でも、もう大丈夫、なんとかなる
俺たちは生き延びて明日を迎えることができる
俺たちは代替コストと現状を理解しようとしている
アンタが銀行員でもオーナーでも
九五年まで生き延びるんだ
風が吹いてきて、入居率が上がってきた
俺たちは九五年まで生き延びる

アー・ハ・ハ・ハ・ステイン・アライブ

何年もあとに行われた分析によれば、この危機による不動産業界の損失の総額は八〇〇億ドルを超え、商業不動産の価値は最大五〇％も下がった。

ゼル・メリル・ファンドは、国内の至るところで行き場を失った資産を好きに選ぶことができる立場にあった。ただ、資金調達も難しかったが、最初は投資するのも難しかった。私たちがあまりにも早く買い始めたため、オーナーたちは資産の価値がよく分からず、なかなか判断を下さなかったからだ。しかし、ついにマーケットと価格が安定すると、貸し手は不動産を帳簿から外したがった。そして、買い手は私たちしかいなかった。

一九九五年までに、私たちは戦利品とも言えるたくさんの素晴らしいオフィスビルを買い集め、このポートフォリオをＲＥＩＴとして公開することを考え始めた。そして、マンハッタンのロックフェラー・センターを買う話が出たとき、これが私たちのオフィスビルのポートフォリオというケーキの最高のデコレーションになると思った。

これは重要な資産を巡る重要な戦いだった。私はよく冗談で、この件の映画化権をとっておくべきだったと言っている。登場したのは、日本の不動産大手の三菱地所、デビッド・

ロックフェラー、アグネリ家、ゴールドマン・サックス、GE（ゼネラル・エレクトリック）、ウォルト・ディズニーといったビッグプレーヤーばかりだった。豪華キャストだ。

一九八〇代に日本の不動産投資がピークだったころ、三菱地所はロックフェラー・センターを所有するロックフェラー・グループ・インクの八〇％を買った。この取引の裏には、新しく組成されたRCPIというREITが保有する一三億ドルの抵当権があった。一九九五年五月、マーケットが弱含んで負債の返済ができなくなり、デフォルトに陥るとRCPIは主な収入源を失い、このREITは破産を申告した。私たちは二億五〇〇〇万ドルを出資してRCPIの五〇％を買い取ることを提案し、いずれは全体を買うつもりだった。

これは、私が前面に立ち、交渉のすべてに勢力的にかかわる最後の取引になると思った。交渉はそれまで経験したことがないような厳しさで、容赦ない電話会議と、果てしない一対一の話し合いが続いた。また、私に関する不愉快な評判が立ち、このなかには私が経済性よりもエゴのために買っているなどといったものもあった。しかし、それが事実とはほど遠いことを、私を知っている人たちは分かっていた。結局、私たちは売り手との溝を埋めることができず、ロックフェラー・センターは、ゴールドマン・サックスとティッシュマン・スパイヤーとデビッド・ロックフェラーによるジョイントベンチャーの手に渡った。

この交渉にはさまざまな障害があり、最初からシカゴの不動産屋がニューヨーク市を象徴する建物を買いたたくことへの抵抗感があったことは間違いない。不動産のなかには「地元」の感情を揺さぶるものがあり、ロックフェラー・センターはその一つなのである。

私たちは一九八九～一九九六年に四つのゼル・メリル・ファンドを組成し、合計で二一億ドルを集めた。私たちはさまざまな資産クラスに投資をしていたが、中心は高品質のオフィスビルで、それを代替コストよりも相当安く買っていった。

ちなみに、それから二〇年後の二〇〇八年に再び不動産市場が暴落したとき、墓場のダンスに加わりたいという人たちからの電話が殺到した。そのため、それから二～三年間は、不況の内容がまったく違うのだという説明を繰り返すことになった。私は、不動産業界に墓場のダンスをするチャンスの波が来ていないときに、資金調達をするつもりはない。金利がほぼゼロのなか、貸し手は帳簿に資産が残っていてもコストはかからない。このとき、不動産への貸し手の合言葉は「引き伸ばし、取り繕う」だった。ローンをロールオーバーしても損失が生じなかったからだ。つまり、レバレッジが掛かった物件のオーナーは、ローンの支払期限が来ても、状況が改善するまで返済を先延ばしすることができたのである。オーナーが売却を迫られていなければ、割安の物件が大量に出ることもなかった。

一九九〇年代初めに資本が逼迫していた不動産オーナーにとって、頼みの綱は資本市場だった。メリルリンチのリチャード・サルツマンは、近代的なＲＥＩＴの強力な執事とも言うべき存在で、革新的な資金調達力と業界の可能性を広げる洞察力を発揮した。

私は、一九九三年に初めて不動産会社の株を公開した。ゼル・メリル・ファンドに加えて、私たちはそれまでの二〇年間に不動産以外の資産も大量に買っていた。そこで、私たちが所有する不動産を、マニュファクチャード・ホーム・コミュニティーズ（ＭＨＣ）と共同でＮＹＳＥ（ニューヨーク証券取引所）に上場した。この会社は、現在ではエクィティ・ライフスタイル・プロパティース（ＥＬＳ）という名称で、四七のプレハブ住宅の宅地を運営している。これは、近代的な商業不動産の時代に入って上場されたＲＥＩＴの一つとなった。

今日、ＥＬＳはアメリカで最大のプレハブ住宅の宅地とＲＶパーク（モーターホーム用の滞在施設）を所有しており、私のお気に入りの一社でもある。ＥＬＳはＩＰＯ（新規株式公開）以来、すべてのＲＥＩＴのなかでも平均年率一七％という高いリターンを維持している。実は、これは逆張り的な投資だった。

プレハブ住宅には安物のイメージがある。労働者や低所得者層向けで、玄関先の階段では破れたＴシャツを着た男が「欲望という名の電車」のマーロン・ブランドさながらにビールとソーセージを食べながら、「ステラ」と怒鳴っているイメージだ。少なくとも私はそう思っていた。

しかし、一九八四年にデュー・デリジェンスの過程でＭＨＣに出合った。

私たちは、アメリカで不動産を最も多く所有している会社の一社ではあったが、プレハブ住宅の宅地については何も知らなかった。そこで、私は投資部門の幹部をフロリダ州に派遣して視察させた。その彼が電話をかけてきたが、興奮していて言っていることがよく分からない。「信じられない光景だ。モバイルホームを見ているのだが……」

私が「ダメなのか」と聞くと、「違うんですよ。素晴らしい資産ですよ。驚きました」と叫んだ。

そのとおりだった。トライゼック・プロパティースが所有していたＭＨＣポートフォリオは、この資産クラスの国内でも最大級の素晴らしいポートフォリオだったのである。住宅地は、湖のほとりや海沿い、木が多い場所、特徴のある地形など、どれも信じられないほど素晴らしかった。まるでスタイリッシュな分譲地のようだ。ベランダやガレージやクラブハウスやゴルフコースまである。

次に、数字を確認すると、リスク・リワード・レシオも良好だった。しかし、NIMBY（作るのは良いが近くには困る）的な規制が参入障壁になって新たな宅地開発が難しく、供給は限られていた。また、ポートフォリオの回転率は一％程度だった。ここに入居した住民は、ほとんど出て行かないからだ。

信じられないことに、私がプレハブ住宅会社を買ったと言ったとき、不動産業界の洗練された人たちのなかには、このような住宅地に行ったことがあるどころか、近づいたことがある人すらいなかった。彼らにとっては、完全に対象外だったのだ。しかし、私はモバイルホーム屋と呼ばれたり、貧乏人（トレーラーハウスに住むような輩）と笑われたりしても気にしなかった。私たちはチャンスとリターンを求めてさまよう遊牧民なのである。

プレハブ住宅の会社の株を公開するのは簡単ではなかった。私はウォール街で自分の創造力とスキルのすべてを駆使してこの事業が成功する理由を説明して回った。そのために、お土産のTシャツまで作った。ここには、私が男を締め付けているイラストが描かれ、その上に「あと一回だけ言う。これはトレイラーハウスとは言わないんだ」というメッセージを入れた。結局、このIPOは非常にうまくいったが、全員が納得したわけではなかった。特に懐疑的だったある投資家のことはよく覚えている。ＩＰＯの前に出たバロンズ紙の記事に、基準を下げてまでモービルホームのベンチャーに投資するつもりはないから「パスする」といった趣旨の彼の言葉が引用されていた。このＩＰＯは結局、募集数の五倍の申し込みが殺到した。私は先の投資家に、「パスをするならばこれを使ってください」と書いてアメリカンフットボールのボールを送った。

ＥＬＳを始めて一二年がたったころ、成長率が失速した。事業は非常にうまくいっていたが、供給がほとんどなかったのである。プレハブ住宅の敷地のオーナーは、これが素晴らしい長期資産だということに気づき、売ろうとはしなかった。そして、このセクターの魅力でもあったＮＩＭＢＹ現象が、開発を難しくしていた。

その打開策を探していた私たちは、ＲＶパークがプレハブ住宅の宅地と同じファンダメンタルズ的性格を持っていることに気づいた。同じビジネスモデルの小規模版で、私たちが土地を所有し、テナントが構造物を所有していた。このセクターも回転率が低く、テナントの層が似ており、同じような立地条件で、同じようなキャッシュフローが見込めたのだ。

そこで、ＥＬＳは初めて複数の資産クラスを組み合わせて組織的に運用を始めた。皮肉なことに、プレハブ住宅業界にRVパークを含めることに対する度量の狭さは、不動産業界がプレハブ住宅を含めるのを拒んだのと同じくらい強硬だった。

今日、ELSはプレハブ住宅の巨大なポートフォリオと、アメリカ随一のRV「リゾート」を所有し、アメリカの三二の州とブリティッシュコロンビアで一四万件の敷地を管理している。一九九三年のIPO以来、ELSの時価総額は二億九六〇〇万ドルから六〇億ドルに増えている。

この年の後半には、エクイティ・レジデンシャル（EQR）という一万七〇〇〇戸のアパートを擁するポートフォリオも上場した。EQRの保有資産は、アメリカの人口動態の劇的な変化をよく表していた。EQRの株を公開した二五年前の資産は、複数家族用の郊外の庭のあるアパートが中心だった。最も人気があったのは目の前に高速道路がある物件で、インターネットがアパート探しに革命をもたらすまではそれが売り文句だった。当時、高速道路沿いのビルの看板にあった「ここに住んでいれば、もう家に着いていたのに」という宣伝文句は今でもよく覚えている。

しかし二〇〇〇年代初めになると、私の人生で最大の文化的な変化を予感した。みんながなかなか結婚しなくなったのである。私が若いころは、私を含めて友人の多くが大学卒業の翌年には結婚していたが、最近ではなかなか結婚しようとしない。どの世代でも、三二歳までに結婚する人の割合が一〇％ずつ下がっていた。独身者は、活動範囲の近くに住みたがり、そのための犠牲をいとわないし（特に家の広さ）、家賃が高くても気にしなかった。また、彼らは住居は狭くてもよいが、コミュニティの空間を欲しがった。そこで、私たちはＥＱＲのポートフォリオを郊外の庭付きアパートから、二四時間眠らない都市の高層アパートに入れ替えていった。この作業が二〇一五年に終わると、この年のＥＱＲの時価総額は三〇〇億ドルに上がり、最も算入障壁が高い六つの市場で、ほかにはないアパートの組み合わせが出来上がった。

今日、アパートの価値は高速道路に近いことではなく、駅やスーパーマーケットやスターバックスやジムへの「歩数」で決まる。そして、詳しく調べれば、婚期が先延ばしになったことによる変化はさまざまな業界に及んでいることが分かる。一九九〇年代に始まった不動産や優先事項やライフスタイルや可処分所得の変化は、新しい消費者主義の前触れだった。不動産は、ただの無機質な建物ではなく、国民の鼓動を反映していることも多いのである。

私は、自分が近代のＲＥＩＴ業界を作ったとは言わないが、それを躍らせた一人だとは思っている。私の役割は企業統治を強化することで、この業界が独立した資産クラスとしての地位を確保し、機関投資家が一定の資産を配分する存在にすることを目指していた。そのために、同業者や年金基金や保険会社、銀行、政治家へのかなりのロビー活動と説得も行ってきた。当時は、不動産屋がアメリカのビジネス界の上流階級に加わるなどバカげていると思われていた。しかし、私は強い意志があれば可能だと思っていた。

一九九二年末、私がトーブマン・センターのＩＰＯに取りかかっていたときに、モルガン・スタンレーがＵＰＲＥＩＴという仕組みを作った。これは実際には会社更生法の変形にすぎなかったが、これまで不動産業界で応用されたことはなかった。

そして、これが状況を一変させた。ＵＰＲＥＩＴは不動産の所有者が資産を業務執行組合に提供し、その持ち分をのちにＲＥＩＴの株と一対一で交換できる仕組みで、課税を繰り延べることができる。つまり、ＵＰＲＥＩＴは大口の不動産所有者が流動性を得ながら、売却するまで課税を先送りできる仕組みを提供していた。この仕組みは、民間の大口の不動産所有者の多くがポートフォリオを公的な資産に組み込むことを可能にしたのである。

私たちの多く（不動産業界の新たなリーダーたち）は、すぐにこの新しい手法の可能性を見いだしたが、現状維持を選ぶ人たちは必ずいるものだ。一九九四年にオランダで開かれたＮＡＲＥＩＴ（全米不動産投資信託協会）の年次総会で、執行委員の一人がこの仕組みの有効性と業界へのメリットについて疑問視する発言をした。私は憤慨して、あとでＮＡＲＥＩＴの会長に電話で抗議した。私は彼に、その委員を辞めさせるか、私が独自のＵＰＲＥＩＴ協会を立ち上げるかの選択を迫った。ありがたいことに、私のささやかな抵抗は実った。

実際、ＵＰＲＥＩＴは想定どおりになった。ただ、ＲＥＩＴ業界は外国でも展開していたものの、ＵＰＲＥＩＴの仕組みは外国では規制面で合わなかった。ここに組み込まれている納税義務が、ポートフォリオを公開するメリットを妨げ、ひいては成長と投資家のチャンスの妨げにもなっていたのだ。

話は少し戻るが、上場ＲＥＩＴの誕生によって、商業不動産は謎に包まれていた「暗黒の時代」から驚くべき展開を遂げた。かつての不動産業界は、インサイダーにしか分からない世界で、すべてのカードはブローカーの手にあり、彼らはそれを明かそうとはしなかった。マーケットや資産には透明性も基準もなく、業界の不明瞭な性質が過剰な建設や極端なサイクルを生み出していた。そのうえ、不動産の運営会社は株主の利益など無視していたし、初期のＲＥＩＴは質の低い資産を処分するために使われていると言われていた。最初の近代的なＲＥＩＴは一九九三年に登場したが、私は自分の会社を公開するためにこの一〇年間を費やし、上場市場について学ぶ機会を得ていた。そのため、私はウォール街でどのような会社が成功し、素晴らしい会社と呼ばれるかがよく分かっていた。また、不動産業界が評判が低いなかからのスタートであることも分かっていた。

一九九三年、私はＮＡＲＥＩＴの執行委員に就任し、年次総会でスピーチをした。ここで私は、今回の公開市場への参入は、一九八四年にテキサス州ヒューストンで見たバンパーステッカーを思い出すという話をした。「神様、もう一度だけ原油価格を高騰させてください。次は絶対にうまくやりますから」

それから、私は不動産業界がウォール街で成功するためにすべきことの概要を説明した。簡単に言えば、透明性と予測可能性と説明責任である。私たちは投資家の信頼を得る必要がある。そのためには、ＲＥＩＴを質の高い物件で構成し、負債資本比率を低く抑え、売り込むポイントを将来の期待値ではなく現在の収入とし、スポンサーや管理会社が自らも出資して株主価値を上げる動機を示すなどといったことである。

ＲＥＩＴマフィア（業界の方向性に大きな影響力を持っていた一握りのファンド）が、この転換を成し遂げ、ＲＥＩＴ業界の規模は一九九〇年代初めの七〇億ドルから二〇一六年には一兆ドルへと成長した。今日、不動産は重要な資産クラスの一つで、Ｓ＆Ｐ五〇〇にも組み込まれている。

上場ＲＥＩＴの魅力の一つは、実在する建物を透明性が高く予想可能で流動性が高い資産に転換することである。また、ＲＥＩＴは毎年、課税所得の九〇％以上を株主に分配しなければならないため、配当はかなり高めになる。それに、商業不動産業界はレバレッジを低く抑えているため、全体としてサイクル性もボラティリティもかなり低い。二〇〇八年にリーマンショックが起こったときの一軒家の下げ方と比較してほしい。私は、自分が育ち、多くを与えられた不動産業界をこのうえなく誇りに思っているし、今回の進化における役割を自分の仕事人生の大きな成果だと思っている。

私が「カサンドラ」の記事を書いてから一〇年ほどたった一九九〇年代末になると、インターネットバブルが膨らみ始めた。マーケットは、新しいウェブサイトが登場するたびに熱狂した。

今回のバブルは、初めてのアイデアならば何でもよかった。サイトにみんなの注目を集めることがすべてだったのだ。食料品の無料配達でも、ペットフードの配達でも、オンラインクイズでもよかった。しかし、私にはその収入源が分からなかった。

一九九九年の大晦日の夕食会のことはよく覚えている。私は休暇で友人たちと南フランスにいた。みんなビジネス界で活躍している人たちだ。私はテーブルを見回して質問を投げかけた。「今日のヤフーの時価総額は一〇〇〇億ドルだけれど、もし私が二五〇億ドルの現金を出したら、ヤフーが今日までに達成したことを再現できる、と思わない人はいるかい」。このときの会話で、市場評価が現実とかけ離れていることが確認できた。

何人かは抵抗したが、結局、再現はおそらくできるというのがみんなの結論になった。参入障壁がないからだ。ただ、もちろん収益という厄介な問題は残る。

ちなみに、私の創造性豊かなギフトチームは六カ月前から作業を始め、この時点でその年のギフトは完成していた。この年もオルゴール付きの彫刻で、タイトルは「王様は裸だ」。私の書いた歌詞は不遜だが、あとから見れば暗示的な内容だった。元歌の「恋人と別れる五〇の方法」のメロディーにのせて、高騰しすぎたハイテク企業の崩壊を歌っている。

問題はすべてあなたの頭のなかにあるのよ、と彼女は言った
論理に頼らなければ答えは簡単に見つかるわ
二三歳でお金持ちになる手助けがしたいの
ビリオネアになるには五〇の方法があるはずだから
ドット・コムを付け加えればいいのよ、トム
名前の初めにEを付ければいいのよ、リー
おもちゃをオークションに出せばいいのよ、ロイ
そして自由になるのよ……
でも、彼女は不景気になったらどうなるかは教えてくれなかった
王様は服を着ているのか
得られるとされている未来の利益を現在価値に引き直すだけでよいのだろうか
サイバースペースの数字は正しいのだろうか
ビリオネアになるには五〇の方法があるのだろうか

私もカサンドラと同じで、常識に反する仮説を唱えてもだれにも信じてもらえないよう

だ。しかし大事なのは、この仮説を儲けにつなげることだ。一九七七年までに、私たちの会社はキャッシュフローがプラスに回復しただけではなく、拡大していた。ＩＰＯが流動性を生み、ゼル・チルマーク・ファンドは一〇億ドル、ゼル・メリル・ファンドは二〇億ドルを調達していた。私たちは生き延び、ルリーと一緒に育て上げた会社を維持することができた。

この年、私はゼル・メリル・ファンドで所有していたオフィスビルのポートフォリオをＲＥＩＴに移行することに決めた。当時、私たちの四つのファンドには多くの投資家が出資しており、そのなかにはアクティブ投資家もパッシブ投資家もいた（年金基金、保険会社、個人投資家など）。彼らはもともと何らかの確信と理解と形式に基づいてゼル・メリル・ファンドに投資していた。しかし、これから彼らには持ち分を「実績のない」ＲＥＩＴの株に交換してまったく新しいチャンスを受け入れてもらわなければならない。それこそ無理なことだ。彼らは当然ながら、新しい株の価値やトレード量、四半期配当など、たくさんの質問をしてきた。そして、私たちはその多くに答えることができなかった。しかし、一九九七年に彼らは変化を受け入れてくれた。私たちはエクイティ・オフィス・プロパティース（ＥＯＰ）・トラストとして株を公開した。

私たちがＮＹＳＥに上場したＲＥＩＴは、アメリカ各地の九〇棟のビルに約三〇〇万平方メートルのオフィススペースを擁していた。テナントは法人で平均リース期間が七年という内容は、収益見通しが予想できたし、五・七％の配当もしていた。私は、この事業基盤を拡大していけば、エクイティ・オフィスがウォール街のヒット商品になると確信していた。そして、そのとおりになった。少なくともしばらくの間は。

第7章

ゴッドファーザーの提案

すべてはタイミングで決まる。これは、世界中の不動産市場が崩壊しようとしているなかで史上最大の取引を締結しかけている状況に実際に自分が置かれるまでは、陳腐な言葉にしか聞こえなかった。しかも、完璧なタイミングだったかどうかはあとにならなければ分からないのだ。そんなわけで、私が二〇〇七年初めにエクイティ・オフィスを三九〇億ドルで売却したとき、その先のことはまったく分かっていなかった。

当時の不動産の価値について、私はこれ以上は上がらない水準だと考えていた。あらゆるサインがサイクルの終わりを示していたからだ。しかし、それが売却した理由ではない。

エクイティ・オフィスは、アメリカ最大のＲＥＩＴになっていた。私たちは一〇年かけて、アメリカの主要都市にある比類ない最高のオフィスビル五〇〇棟を買い集めていった。

私にとってかけがえのない会社だ。本音を言えば、もしこれが非公開会社だったら売ることなど考えなかったと思う。しかし、この会社を上場したとき、私は株主に対する受託者責任を負った。彼らの資本と引き換えに、彼らに可能なかぎり最高のリターンを提供する責任を負ったのである。それが私の最大の義務になった。それ以上に優先されることはない。私は、その決意を実証するため、最大の個人株主として自己資金を投入した。しかし、当時は売却することになるとは考えていなかった。エクイティ・オフィスは大きすぎて買う人がいないと思っていたのだ。

エクイティ・オフィスの株を公開したとき、私たちの戦略は「大きいほうが優利」という想定に基づいていた。規模のメリットでコストを下げ、それがリターン率を向上させると思っていたのだ。たくさんのビルを所有している都市では、管理する人材を共有できた。重複を減らし、サービスや消耗品（クリーニングや電球など）を一括購入し、共同でマーケティングを行っていたのだ。もちろん、それは正しかった。しかし、それをしても利益率はさほど変わらなかった。

エクイティ・オフィスは、ＥＧＩの起業家的文化から生まれた会社だ。経営陣は、私の非公開会社の出身、つまり創造性と賢いリスクをとることを大いに奨励し、うまくいかなかったアイデアでも斟酌するというタイプである。私たちは革新的な戦略を試した。例えば、自社ビルのなかや上に広告を出すことは今では普通に行われているが、二〇〇〇年初めには最先端だった。小売りリースの独創的な戦略も考えた。私たちの規模を利用して、IBMやバンク・オブ・アメリカといった巨大テナントと包括的なリース契約も結んだ。大企業は複数の都市の複数の場所でリース契約をしているため、全国的な契約を持ちかけたのだ。この契約によって、私たちは確実な収益と競争力を得て、顧客は彼らのポートフォリオのなかで規模に柔軟に対応できるようになった。このような契約に向けて、私たちは毎年手の込んだイベントを企画し、大手企業のリース担当者を招いた。サンフランシスコで開催した夕食会で、ある多国籍企業の担当者と話をしたときのことはよく覚えている。彼はエクイティ・オフィスの素晴らしさを延々と語り、彼の仕事がいかに楽になったかという話をしていたが、翌年、すぐ目の前の競合会社のビルと契約した。家賃が一平方フィート（〇・〇九平方メートル）当たり一ドル安かったのだ。

つまり、やることすべてがうまくいったわけではない。しかし、私たちはそもそも一級のオフィスビルをそろえていたし、ほとんどの市場で最大の所有者だった。しかも、いくつかの都市（例えば、ボストンやサンフランシスコ）では新たな供給に高い障壁があった。

私にはエクイティ・オフィスの価値が分かっていた。そして、ウォール街が過小評価していることも分かっていた。私の会社では、四半期ごとに経営陣がポートフォリオのすべての資産について詳細な分析を行い、リアルタイムの評価額を算出している。私は個人的に、ビルの価値を示す最も信頼できる基準は代替コストだと思っている。賃料や競合物件の価格や空室率や経済成長や株価よりも、代替コストのほうが重要だと思っているのだ。理由は、このコストが将来の競争にかかる価格を左右するからだ。

私たちが二〇〇〇年に行った買収はマーケットの印象を悪くし、それは七年後にエクイティ・オフィスを売却した日まで続いた。これは、私たちにとって最大の買収となったスピーカー・プロパティーズで、買収額は七三億ドルに上った。スピーカーは西海岸のREITで、カリフォルニア州メンロパークを拠点に、シリコンバレー全体で主にオフィススペースを約三七〇万平方メートル所有していた。

二〇〇〇年末のある日、会長のネッド・スピーカーから電話があり、会社の売却を持ちかけられているが、決めかねていると言ってきた。彼がより高い価格を期待しているのは明らかだった。

この時点では、ネット株の崩壊がすでに本格化しており、ハイテク株が多いナスダック総合指数は、三月のピーク時から四〇％近く下落していた。私は暴落が近いことが分かっていたし、そう発言もしていた。サンフランシスコからサンノゼにかけて、オフィスリースが減ったり、解約されたりしても不思議はなかった。そのため、ハイテク業界のピークで私たちがスピーカーを買うことに、マーケットは困惑した。しかし、長期的な戦略がウォール街の四半期ごとの見通しと必ずしも一致しないことは言うまでもない。私たちはハイテク業ではなく不動産業で、私には大きな計画があった。この買収は、アップルやグーグルといったハイテク業界の世界的なトップ企業のほとんどが本社を置く地域のオフィス市場を支配するチャンスだったのである。しかも、これを逃せば、おそらくこのポートフォリオの全部または一部は同業者の手に渡ることになっていただろう。

ウォール街が、スピーカーとの合併によって私たちが築いた潜在価値を認めていないことはもどかしかった。しかし、それも時間がたてば分かると確信していた。

私たちは、雑音を無視して、所有資産の入れ替えを進めることに注力していった。そして、ＥＱＲのときと同様、指針としたのは人口動態の変化だった。一九七〇年代や一九八〇年代に、通勤時間を短くしようと郊外に建設された会社の建物や敷地は時代遅れになっていた。現代の会社は、二四時間眠らない都市に置かなければ若くて才能ある人材を引き付けることができないのである。私たちもそれに倣い、二〇〇六年までに主要都市の中心部にあるビジネス街のAクラスのオフィススペースばかりを集めたポートフォリオを完成させた。質の高い資産からは多くのキャッシュフローが期待できることも、過去の想定と同じだった。マーケットと資産内容を考慮した私たちのポートフォリオは、景気が良ければ賃料が最大限上昇し、景気が悪くなっても空室率のリスクが最も低いと考えられた。

そんななかで、初めてエクイティ・オフィスを買いたいと言ってきたのはノーマークの相手だった。

思いもかけない求婚者は、二〇〇五年一一月のある日突然、現れた。エクイティ・オフィスのCEO（最高経営責任者）を務めるリチャード・キンケイドに、CALPERS（カリフォルニア州職員退職年金基金）の投資顧問から二五〇億ドルで売却の打診があったのだ。この投資顧問はキンケイドにエクイティ・オフィスはマーケットでかなり過小評価されており、実際には一株当たり三四～三五ドルの価値があるし、特にオフィスビルの価格が急騰しているなかではなおさらだと語った。そのとおりだったが、その時点で私たちは株の価値を最低でも四〇ドルだと考えていた。悪くない話ではあったが、私には興味がなかった。

それから数カ月が過ぎ、二〇〇六年一月にCALPERSが、今度はリーマン・ブラザーズの顧問チームを引き連れてやってきた。私たちが帳簿を見せても、彼らは一株当たり三〇ドル台半ばから四〇ドルを念頭に話をしており、検討するには安すぎた。

その年の夏、ボルネード・リアルティのスティーブ・ロス会長が私に売却を打診してきた。ロスは、株の交換による合併を模索していた。私たちは一〇月いっぱいボルネードとの話し合いを続けたが、株による合併のメリットが感じられなかった。そして、そのころ偶然にもエクイティ・オフィスの株価が急上昇し始めた。投資業界でオフィスビルを買うことへの関心が高まり、エクイティ・オフィスの資産価値が明らかになったからだ。しかし、会社の評価は上がっても、私は売るつもりはなかった。

八月半ばになると、ブラックストーン・グループが非公式に接触してきて、株当たり四〇～四二ドルを提案してきた。ブラックストーンにはブルックフィールドというREITのパートナーがいて、彼らがエクイティ・オフィスのポートフォリオの約三分の一を買い取ることになっていた。私たちはブラックストーンに、その提案は不適切だと伝えた。それでも、このような高額の提案を受けたことには少し驚いた。そして、売るには大きすぎると思っていた会社が、売れるかもしれないと突然思い始めた。

九月になり、再びブラックストーンから連絡があった。今回の提案には、ブルックフィールドは入っていなかった。キンケイドはブラックストーンの不動産部門の三六歳の責任者のジョン・グレイと会い、予備的な話としていくつかのビルを買い取る相談をした。グレイは、大学を卒業してすぐにブラックストーンに入ったやる気あふれる印象的な人物だった。私は、彼が若いうちから成功するだろうと感じ、それは間違っていなかった。その一〇年後、金融業界の頂点に立つ財務長官の候補に挙がったのだ。

何事にも真剣なグレイは、ささいなことも見逃さなかった。エクイティ・オフィスの取締役会が売却に反対しているということを聞くと、彼はどのような条件ならば決定がくつがえるのかと聞いてきた。キンケイドは私の言葉をそのまま伝えた。「サムはゴッドファーザーの提案、つまり拒否するにはあまりにも惜しい条件だと言っている」。どうやらこのゴッドファーザーという言葉がグレイの頭に染み付いたようだ。一〇月の終わりに、メリルリンチの担当者から電話があった。グレイが「ゴッドファーザーの提案」がどんなものか知りたいと問い合わせてきたという。

これは正しい質問だった。私はキンケイドを呼んで、エクイティ・オフィスを売るつもりはなかったが、四五ドル以上ならば面白いことになるかもしれないとブラックストーンに伝えるよう頼んだ。

するとし、ブラックストーンが四七・五〇ドルという強気の金額を提示してきた。これは検討せざるを得なくなった。私たちは一一月一二日に取締役会を開き、この件について話し合った。私は迷っていた。もし私一人の会社ならば断るが、ブラックストーンが提示した金額はエクイティ・オフィスが所有する不動産の価値を大きく上回っていたからだ。

私はいつも、その日その資産を維持するという選択は、それを買うという選択と同じだと思っている。ブラックストーンが提示した金額で買うかと聞かれれば、答えはノーだった。

短い交渉を経て、私たちは一株当たり四八・五〇ドル、総額三六〇億ドル（二〇〇億ドルと一六〇億ドルの継承債務）で売却することに合意した。ただ、私はほかの買い手を失望させないために、違約金を非常に低く設定するよう主張した。通常は売却額の三％程度だが、今回は約一％に当たる二億ドルとしたのだ。もちろんこれはブラックストーンにとっては納得がいかない額だったが、交渉の余地はなかった。

余談になるが、この契約にはブラックストーンがこの取引にかかわる情報を他言しないという条項が含まれていた。つまり、彼らはリスクを相殺するために事前に転売を決めておくことができなかった。結局、この点がのちにエクイティ・オフィスを最高額で売るためのカギとなった。

ブラックストーンへの売却に合意したことは、二〇〇六年一一月一九日に発表された。しかし、面白いのはここからだった。私は、この契約がオークションの始まりだと思っており、ほかの買い手（特に、ＣＡＬＰＥＲＳやボルネード）が競争に参入することを期待していた。

このレベルの取引に参加できるＭ＆Ａ銀行や不動産の貸し手は限られており、その全員が私たちかブラックストーンのどちらかに付きたがった。不動産業界で史上最大の取引に、みんなが何らかの形で参加しようとしたのである。

ブラックストーンにとって、すべての主要プレーヤーをある程度かませて、ほかの入札者を締め出すのは簡単なことだった。しかし、グレイがそれはしないと約束していた。

このような姿勢に、銀行はかなり不満だった。エクイティ・オフィス側を取り仕切っていたメリルリンチと、ブラックストーン側のバンク・オブ・アメリカ以外の銀行も、何とかこの取引にかかわろうとしていたからだ。ＪＰモルガン・チェースはアドバイザーに雇うよう、キンケイドと私に積極的に働きかけてきたが、私は、競合する買い手が現れたときのために彼らをとっておきたかった。

ブラックストーンとの契約は、競合する入札者の勧誘を禁じていたが、私はもし入札を希望する人が現れたら、あえて失望させるつもりはなかった。そして、競合者はいた。ボルネードのスティーブ・ロスだ。彼もエクイティ・オフィスの買収に意欲を見せていたが、以前の話し合いでは数字が折り合わなかった。ロスは一九七〇年代からの知り合いで、彼を好きだし尊敬もしていた。特に、彼の不動産に関する長期的な展望は評価していた。ブラックストーンは、買収が完了したら資産を売却することは間違いなかった。しかし、ロスはマーケットが好転するまで資産を保有する可能性を表明していた。彼はエクイティ・オフィスの資産を一つの塊として見ていた。しかし、ここではロスや彼の計画が好きかどうかは関係なかった。私はエクイティ・オフィスの株主のために、最高の契約を選ばなければならない。

ロスが新たな提案をしてくるかどうかも定かではなかったが、ボルネードの動きに関するさまざまなうわさがマーケットの関心を高め、二〇〇七年一月には株価がブラックストーンの提示額を上回った。私は、一月の半ばにロスにｅメールを送った。

親愛なるスティーブ
バラは赤い
すみれは青い
うわさを聞いた
本当かい

愛をこめて
サム

あとから知ったことだが、この思わせぶりな童謡の替え歌をもじったメールは彼が役員会議室で銀行や弁護士と話し合いをしている最中に届いた。ロスの秘書がこのeメールを見せると、彼は同じリズムで返事をしなければと思った。

サム、元気かい
うわさは本当だ
愛しているよ

価格は五二ドルだ
もしこの詩が君の琴線に触れるならば
話し合いを持とう
こういう会話も良いが
三時五〇分に真剣に話し合うべきだ

あなたのスティーブより

彼は約束を守り、ボルネード・リアルティとスターウッド・キャピタルとウォルトン・ストリート・キャピタルと組んで入札を目指していた。三社とも不動産業界の重要プレーヤーで、強力なリーダーシップと資質を備えている。一月一七日、彼らは一株当たり五二ドルで打診してきた。四〇％がボルネードの普通株で、残りは現金だった。彼らはＪＰモルガン・チェースとリーマン・ブラザーズとＵＢＳとバークレイズ・キャピタルとロイヤル・バンク・オブ・スコットランドからの出資を取り付けていた。それから二～三日後に私たちはブラックストーンと同じ条件でロスたちにも帳簿を開示し、正式な入札に必要な情報を提供した。

いよいよ戦いの火ぶたが切られた。

取引を仕事にしている人なら分かるが、大型案件は膨大なエネルギーを要する。取引には人を酔わせる魅力がある。期待が発するエネルギーが空中でぶつかり合っている音が聞こえるようだ。一日中、毎日、気を張り詰めているが、これが単純に楽しいのだ。

しかし、どの案件もそうだが、悪魔は細かいところに潜んでいた。ボルネードの提案には、いくつかの重要な点が抜けていたのだ。

ブラックストーンの切り札は、すべて現金で支払うという点だった（ボルネードのように四〇％は株式ではなく）。また、ブラックストーンは早めの契約をする姿勢を積極的に見せ、二月五日のエクイティ・オフィスの株主総会から二週間以内に締結すると明言した。それに対して、ボルネードは何カ月か先の彼らの株主総会の決議や、株の発行に関してSEC（証券取引委員会）の裁定を待つ必要があった。二〜三カ月あれば何が起こるか分からないため、私はブラックストーンの確実な提案のほうが良いと思った。

ブラックストーンのスティーブ・シュワルツマン会長兼CEOは、マスコミに向かって醜い入札合戦は避けたいと積極的に発言し、提示額を一株当たり五四ドル、総額で負債を含めて三八三億ドルに引き上げた。私たちはこの提案を受け、違約金を二億ドルから五億ドルに引き上げることに合意した。これで、ボルネードやそれ以外の買い手がブラックストーンを上回るためには三億ドル（一株当たり○・七五ドル）が余計に必要になる。

　スティーブ・ロスは、彼らの提案を真剣に検討するよう催促してきたが、私はこう言うしかなかった。「スティーブ、ブラックストーンは全額現金で支払うと言っているんだ。君の提案は株と現金が約半々だ。それに、君の提案が実現するためには、君の会社の株主総会を開き、承認を得る必要があるし、ＳＥＣの手続きも必要だ。それにはおそらく六カ月くらいかかるだろう。君の提示額は一株当たり五〇セント高いが、六カ月というリスクをはらんでいる。これでは無理だ」。不動産のようなボラティリティの高い市場で、六カ月という時間は人の一生くらい長い。

　しかし、ロスはまだあきらめなかった。二月一日、ボルネードは提示額を一株当たり五六ドルに引き上げ、そのうちの現金の支払い分を三一ドル（五五％）に増やすと提案してきた。ただ、金額は増えたが現金の割合は少し減っていた。

　ブラックストーンは、当初の契約に基づいて、ほかの入札者に見合う提示をする権利を有していた。それに、私たちも株主総会ではブラックストーンの提案を推奨するという声明を出していた。こちらのほうが早く締結し、支払いも現金でなされるからだ。

ボルネードは、二月四日の日曜日に再びやってきて、拘束力のない二段階の買収を提案してきた。現金部分の支払いを早めて合意から三週間以内に行うというのである。ボルネードの提案は、エクイティ・オフィスの取締役会が示した契約までの期間の長さと、株で支払う部分の不透明感がリスクを高めるという懸念を和らげる意図があった。

期限は迫っていた。月曜日の夜に行われるエクイティ・オフィスの株主総会までのカウントダウンが始まると、みんなが息を止めて状況を見守っていた。

ブラックストーンがリードしているのは明らかだったが、買収額が上がっても失うものはない。月曜日の朝、キンケイドがジョン・グレイに電話をして、ブラックストーンに一株当たり五四ドルに上げる意思があるかと尋ねた。グレイは午後に返事をすると答えた。

その日の午後、グレイがキンケイドに、違約金を五億ドルから七億ドルに引き上げるならば、入札額を一株当たり五五・二五ドルに上げると言ってきた。私たちはこの提案について話し合い、キンケイドからグレイに一株当たり五五・五〇ドルにならないかと打診した。グレイもすぐに折り返し、五五・五〇にする代わりに違約金を七億二〇〇〇万ドルに引き上げることと、情報を第三者と共有しないという条項を撤廃することを要求してきた。

そうすれば、買収締結後に資産を速やかに転売する準備を始めることができる。これは、ブラックストーンにとってリスクを軽減できる重要な点だった。私たちは合意し、ブラックストーンは即座にプレミア価格で転売する準備に入った（彼らがこの案件で大きな利益を上げた理由はここにある）。

月曜日の市場が引けたあと、エクイティ・オフィスの取締役会は二つの提案を比較検討した。メリルリンチの担当者が、ボルネードが提示した五六ドルの現在価値の推定額を算出し、さまざまなリスクを考慮すると五四・八一～五五・〇七ドル程度になると述べた。メリルは、私たちの貴重な五四三棟のビルに対して、ブラックストーンの一株当たり五五・五〇ドル、債務を含めた総額三九〇億ドルのほうが、より良い提案だという意見だった。私たちは、取締役会の投票でブラックストーンを選んだ。シドリー・オースティン弁護士事務所の顧問弁護士たちが契約書を修正し、翌二〇〇七年二月六日の市場が始まる前に、私たちは声明を出した。

これで終わった。エクイティ・オフィスは、一九九七年のＩＰＯ（新規株式公開）で一株当たり二一ドルを付け、それを一〇年後に五五・五〇ドルで売却したのだ。一〇年間の配当は、一株当たり一六・四八ドルに上っていた。この売却は、当時としてはすべての業界を含めて最大のレバレッジドバイアウト（LBO）となった。

このあと、私はスティーブ・ロスと、ボルネードCEOのマイケル・ファシテリと、スターウッド会長のバリー・スターンリットに、「すべてはタイミングで決まる」というメッセージを添えて、フランク・ミュラーの時計を贈った。

これは私が望んでいた結末なのだろうか。入札が競合したことで価格が上がったことは間違いないため、株主にとっては良い取引になった。私はたくさんの人から、もし自分の馬をどちらかに売るのならばどうだったのかと聞かれた。もっと具体的に言うと、長い付き合いのスティーブ・ロスを選んだのかというのだ。私ははっきりノーと答える。株主に対する義務に私情を挟んだことは一度もないし、それは個人的な投資判断についても言える。資産に対して感傷的になると、規律が失われる。ロスもそのことはよく分かっている。ただ、そのあと何年たっても、彼はエクイティ・オフィスを買えなかったことを悔やんでいる。しかし、率直に言って、もし逆の立場ならば彼も同じ選択をしたと思う。自分で大きくした会社に対する思いはあっても、前に進まなければならない。取引が成立したら、私にとっては終わったことだ。後悔はない。もうそれ以上、考えることはないのだ。

今日でも、みんながエクイティ・オフィスをマーケットの最高値で売却したと称賛してくれる。しかし、私はそれを目指していたわけではない。不動産市場がバブルに向かっていたことは間違いないが、私はオフィス市場から撤退しようと思って会社を売却したわけではないのだ。あのときは、ゴッドファーザーの提案を受けただけなのである。

第8章 視界ゼロ

リスクは究極の差別化をもたらす。私は常にリスクと深く複雑にかかわってきた。私は無鉄砲な人間ではないが、平均以上のリターンを上げ続けるためには、人生でも投資でも、リスクをとることが唯一の方法だと思っている。父はポーランドを脱出したとき、そのことを証明した。

私は、ほとんどの人よりもリスクをとることに抵抗がないと思う。それは、できるかぎりそのリスクを理解しようとしているからだ。私にとってリスクをとるということは、あらゆることを考慮して、そのなかのどれがうまくいき、どれがうまくいかないかを見極める能力のことだと思っている。

もちろん、私はいつも苦労しないでうまくいきそうなことを探している。強いファンダメンタルズがあって、成功する可能性が高いビジネスだ。しかし、みんなはそれがどれほどの成功をもたらすのかを知りたがる。利益ばかりに注目しているのだ。そこが楽しいところだから無理はない。しかし、彼らが下方リスクについてほとんど考えていないことには驚く。私が取引を検討するときは、まずリスク計算から入る。それが計算できれば、どれだけのリスクをとることになるのかを理解できるからだ。もしすべてがうまくいかなかったときはどのような結果になるのか、そのときは何をすればよいのか、そのコストに耐えられるか、生き残ることができるのか――といったことである。

その好例が、一九九〇年代に所有していたデパートのカーター・ホーリー・ヘイル（CHH）だった。CHHは、ゼル・チルマーク・ファンドで最初に買収した会社で、この老舗デパートは八〇以上の店舗とスピンオフしたウォルデンブックスやニーマン・マーカスといったブランドも所有していた。この会社は、一九八四年のピーク時にはアメリカで第六位のデパートだったが、一九九一年に会社更生法を申請して破産した。その時点では黒字事業のほとんどと、西部の中核店舗（主にカリフォルニア州）を売却しており、地域の競合店の台頭に苦戦していた。

私たちがこの会社を買うかどうか検討していたとき、私は部下のデビッド・コンティスをデュー・デリジェンスに派遣した。彼は、もともとは地元の食料品店で農産物を担当していたが、当時、私の妻だったシャロンが彼の行動力と意欲に感銘を受け、私に会わせるために家に呼び、私の下で働くことになった。結局、彼は断続的に約三〇年間私の会社で働き、その後、不動産業で成功した。

私はコンティスに、「すべての店舗とすべての在庫を確認して、うまくいかなかったときにだれにいくらで売れるか見てきてくれ」と言った。これは基本的な投げ売り価格の分析で、最悪のシナリオでこの会社を清算しなければならない場合の価値を算出するための作業だ。コンティスが視察から戻り、「買値の八〇％は回収できます」と報告した。つまり、最大損失は二〇％ということになる。

私たちは、約五億五五〇〇万ドル相当の社債と貿易クレームを一ドルに付き四七セント、総額二億二二〇〇万ドルで買った。これらの債券は、会社が再生すれば株に転換され、私たちは七〇％を超える支配株主になる。結局、ＣＨＨは三年間所有したが、これはひどかった。ほんの短期間に、ＣＨＨのカリフォルニア州の店舗は地震と暴動と火事の影響を受けた。まるでエジプトの一〇の災いだ。収益も落ち込んだ。一九九五年、私たちはＣＨＨをフェデレーテッド・デパートメント・ストアに売却した。売値は最初の買値の八〇％だった。
私たちは投資額の二〇％である約五〇〇〇万ドルの損失を被ったが、私は今でもこの投資は成功例だと思っている。私たちのリスク分析は非常に正確だった。投資した時点で、五〇〇〇万ドルの損失を被り得ることは分かっていたが、潜在利益を目指してそのリスクをとったのだ。

また、私は最悪のシナリオだけでなく、実行するのがどれくらい難しいかも考える。目的が単純で、そのための段階が少ないほど成功する可能性は高くなる。しかし、もともとが複雑な状況の場合は、それをどこまで単純化できるか考えるのだ。ただ、どれほどリスクを見極めても、時には予測できない出来事に不意打ちを食わされることもある。早めに気づけばうまく対応できても、外部の予期しない出来事には反応が間に合わず、悲惨な結果になることもある。もちろん、二〇〇一年九月一一日よりも悪いことは一生ないだろう。あの惨事は忘れることができない。アメリカはあれから数カ月間、態勢を立て直し、経済を復活させるのに苦労した。特に、旅行業界の打撃は深刻だった。

一九九三年、私たちはアメリカン・ハワイ・クルーズという破産会社に投資し、すでに所有していたアメリカン・クラシック・ボヤージというクルーズ会社と合併させた。アメリカン・ハワイは一九五〇年代に建造された二隻の船を所有していたが、会社はレバレッジ過多で、しっかりとした事業戦略もなかった。彼らはハワイの島を巡るツアーを運営していたが、観光客は飛行機でハワイに着き、アメリカン・ハワイの船で夜に移動するだけで、日中の乗客はほとんどいなかったのだ。

これは、アメリカの海事法のなかのジョーンズ・アクト（アメリカ国内の地域間で人や物を移動する手段から外国籍の船や外国で建造された船を締め出す法律）を利用するチャンスだった。旅行業の場合、外国船は乗客をアメリカ以外の港で乗せるか降ろすかしなければならないため、ハワイの島々で休暇を過ごしたい人たちには適していないのだ。

アメリカン・ハワイは、アメリカで建造された船のなかで稼働している最後の二隻を所有していた。この業界のアメリカで建造された船はほとんどが解体されている一方で、旅行や観光の需要は高まっていた。つまり、アメリカン・ハワイ・グルーズは、ハワイを巡るクルーズ船市場で実質的に独占状態にあった。そして、アメリカで造船する方法が見つかれば、その状態を維持できた。

しかし、アメリカ国内で巨大ホテルのような船を建造するのは非常に効率が悪く、その能力がある造船所は軍専用だった。そのため顧客用の特注船を建造するというのは、かなり野心的な計画と言えた。

私たちは、まず四〇年以上使われている船の修理を行い、そのあと二隻を建造することにした。後者は、一九五〇年代以降、初めてアメリカ国内で建造される大型クルーズ船になる。私たちは、アメリカの製造業の一つである造船セクターを盛り上げるように議会に働きかけを行った。議会がローンを保証したことで、私たちは資本コストをかなり低く抑えることができた。

ミシシッピ州パスカグーラにあるインガールス造船所がこの契約を獲得し、最初の船の改修を始めた。当初の計画では、一隻目の改修が二〇〇二年末には始まり、二隻目も二〇〇四年に始まることになっていた。これでアメリカン・クラシックはこれから素晴らしい一〇年間を迎える準備が整うはずだった。

そこに九月一一日の同時多発テロ事件が起こった。アメリカン・クラシックの乗客のほとんどはハワイに飛行機で到着する人たちなので、航空業界と観光業界が実質的に休止すると、事業は落ち込み、私の会社の株価も急落し、アメリカン・クラシックは上場廃止になった。株主の損失は数百万ドルに上り、造船所も同じだった。私個人も約一億ドルを失った。私はリスクをとったが、私の支配がまったく及ばない状況に陥ったのだ。そういうこともある。

余談になるが、実は私たちは二〇〇〇年に世界貿易センタービルに入札する機会があった。当時、エクイティ・オフィスはアメリカ最大のオフィスビル会社だったため、ニューヨークの港湾局がこのビルのリースの入札を行ったとき、私たちは彼らの第一候補に上っていたのだ。この件について、当時エクイティ・オフィスのCEOだったティム・カラハンと相談したが、私はこれも「地元」を象徴するビルだと思った。このビルを手に入れるためには多大な労力が必要となるだろうが、獲得できる可能性は低かったのだ。それに、標的になるようなビルはあまり望まないとも言った。結局、ラリー・シルバースタインがこの契約を勝ち取り、二〇〇一年六月にこのビルのリース契約を結んだ。

カラハンは、九月一一日（火曜日）はサンフランシスコにいて、週末まで戻れなかった。彼は金曜の朝七時に私に会いに来て、「何で知っていたのですか」と聞いた。私は「もちろん知らなかったよ。でも世界貿易センターは一九九三年にもテロリストに襲われた。あの建物は象徴なんだよ」と答えた。これは参加したくない賭けだった。

私が不意打ちを食らったのは、アメリカン・クラシックが最初ではないし、最後でもなかった。二〇〇六年末に、投資銀行から創業一五九年のトリビューン・カンパニーの買収を打診された。この買い手を探していたメディア複合企業は、さまざまなブランドを含む素晴らしいポートフォリオを有しており、アメリカの八〇％以上の世帯に浸透していた。主要紙だけでも、シカゴ・トリビューン紙、ロサンゼルス・タイムズ紙、ボルチモア・サン紙、ニューヨーク・ニューズデー紙などがあり、そのほかにケーブルテレビ局のＷＧＮアメリカ、二三のテレビ局（多くが大市場にある）、多くのファンがいるＴＶフード・ネットワーク（テレビの専門局）、複数の有望なインターネット企業（例えば、cars.comやcareerbuilder.com）、そしてシカゴ・カブス（二〇一六年まで長きにわたって優勝から遠ざかっていても地元で愛され、利益も上げている野球チーム）などを所有していた。

多くの大手プライベート・エクイティ会社がこのブランド力を持つ会社に関心を示していたため、私は最初はあまり乗り気ではなかった。入札になれば、価格がつり上がることは確実だし、仮に買えたとしても、自分の時間と才能をつぎ込んだだけの見返りがあるかどうかは分からなかった。私は、オークションは好きではない。もちろん、主催する側ならば話は別だ。ところが、トリビューンが抱える問題の複雑さが明らかになると、求婚者が次々と去った。簡単には解決できない問題を抱えており、その不透明さが伝統的な投資家を遠ざけていったのである。ただ、それらの問題はトリビューンに限ったことではなかった。大手メディア企業はどこも収益の低下に苦しんでいた。インターネットが登場して、手軽に無料の情報が得られたり、広告の無限の可能性が広がったりするなかで、従来のメディア企業は存続の危機に瀕していたのだ。メディア企業の意義を問い質すことは、メディア業界が数十年後にどう進化していくのかの核心部分とも言えた。トリビューンの出版事業は問題に直面していたが、ポートフォリオ全体としてみれば、魅力的なチャンスでもあり、従来のメディア事業の悪化よりも早く改革を行えるかどうかがカギだった。

私が入札を断ってから何カ月かがたったころ、私はトリビューンのコンサルタントになっている投資銀行から電話を受けた。「売却過程がうまくいっていない。納得できる提案がない。トリビューンを訪れて、何か手立てはないか再度検討してもらえないか」というのである。

そこで、私たちは状況を見直した。分離しないで一つの会社として運営していけるか。私はできると思ったが、ある部分だけは売却することになりそうだった。それがシカゴ・カブスだ。これはメディア企業の中核事業ではなかったし、正しい所有者が買ってくれる資産だと思った。

トリビューンは究極の挑戦であり、チャンスでもあった。この会社の価値を実現する方法は、幅広い事業を通じていくらでもあった。そして、ほとんどの入札者が去った今こそ興味深くなっていた。

私たちは、ESOP（従業員持株制度）を使って会社を非公開化する提案をした。そして、トリビューンの発行済株式を何段階かに分けて現金で買い取っていくのだ。それが完了すれば、会社の一〇〇％の株式をESOP、つまり社員が所有することになる。トリビューンは社員が所有する会社になるのである。

この計画では、私たちがまず約三億一五〇〇万ドルを投資して二億二五〇〇万ドル相当の劣後約束手形と将来トリビューンの四〇％の株式を買う権利を購入する。社員はESOPに新たに投資する必要はなく、新しい仕組みの下でも該当する社員はすべてESOPのベスティング条項が適用される。年金制度は新規採用者についてはすでに凍結されており、既得権を得ている社員のみに有効だった。そのため、将来のためにより多くの社員が対象となる新たな年金制度を構築する必要があった。社員の代理人は、独立系の会社でアメリカでも最も歴史のあるESOP信託が務め、すべての交渉を行うことになった。

ESOPの仕組みは、直後にも長期的にも節税によってかなりの価値を実現することにつながる。経常利益に税金を支払う必要がなくなることで現金が増え、それを債務返済と事業運営に回せば数億ドルの節約になるからだ。しかも、ＥＳＯＰは一〇年間所有すれば、資産の値上がりによる何億ドルかのキャピタルゲインへの税金がかからなくなる。

後者はもちろん、一〇年間保有した場合のみ有効だ。ＥＳＯＰと会社と私を含む投資家は、一〇年たたなければこの恩恵を受けることはできない。ちなみに、これほど長期間待って投資の最高利益を実現しようという機関投資家はほとんどいないし、もしいてもわずかだ。しかし、私は長期投資家だ。私にとって、トリビューンは戦略的な投資であり、長期的に保有するつもりだった。

私は、メディア界の大物になろうとは思っていなかった。あくまでビジネスマンの視点で、トリビューンを長期的視点からチャンスとしてとらえていた。それ以上でもそれ以下でもない。

もちろんリスクはあった。しかし、全社員が会社の成功に寄与してくれたらリスクも緩和されるだろう。トリビューンの株価は、売却がうまくいかないことで低迷していた。トリビューンの市場価値は二年前のピーク時から四六％も下がっていたのだ。取締役会は、高レバレッジの借り入れをして株主に資産額に見合う配当を行うことを検討していた。

株を非公開にするレバレッジドバイアウト（ＬＢＯ）の多くと同様、私たちの提案もかなりのレバレッジが掛かっていた。ただ、大きな違いもあった。もしトリビューンを大きく成長させることができれば、多くの人たち、なかでも社員がその恩恵を受けることになる点だ。ＥＳＯＰは、会社の成長に社員の参加を可能にしていた。株価が上昇すれば、その大部分はＥＳＯＰに帰属し、いずれＥＳＯＰの口座を通じて社員のものになる。つまり、社員にとって会社を成功させる強い動機となるのだ。私は素晴らしいアイデアだと思った。みんながこのゲームに投資している。私もだ。しかも、私にとってはそれまでで最大の個人投資だった。

私は成功を確信していた。直近の節税策と、私個人の投資と、シカゴ・カブスの売却によって、この会社のパフォーマンスを上げるチャンスは十分あると思ったのだ。まずは放送部門を拡大するつもりで、最初の五年を成功させる戦略を立てた。この計画では、二〇一二年までにトリビューンの負債の約二〇％を返済し、約半分を一〇年以内に支払うつもりだった。二〇〇七年四月一日、トリビューンの取締役会が私たちの提案（一株当たり三四ドル、総額八二億ドル）を受け入れ、一二月二〇日に契約を結んだ。

トリビューンはヒエラルキー的な文化を持つ組織で、何十もの事業部門が連携せずに運営されていた。私の構想はこの会社の素晴らしい基盤を開放して、各部門を統合し、しっかりと連携させていくことで、全体を強力かつ競争力のある組織にすることだった。

しかし、再編を始めると、いつもの合言葉が聞こえてきた。「これまでずっとこうしてきたのだから」。私はこの言葉が大嫌いだ。進歩とは正反対だからだ。しかし、官僚主義的な組織の奥底には、創造力と動機と情熱を持っている社員もいた。私は彼らに起業家精神を注入し、改革と開放と説明責任で進化を加速させたいと思った。もし私がウォール街の連中のようなリーダーシップを発揮しても、埋もれてしまうことは分かっていた。社員を奮い立たせるためには、強くて率直なリーダーが必要だ。私たちの戦略は一般的ではないかもしれないが、私は会社や業界を新たな方向に導くことを躊躇したことはない。

私は、社員にも声を上げてほしいと思った。この会社が持っている専門性を活用するための対話を始めたかったのだ。私は、みんながいつも恐れずに反論できるリーダーであることを大事にしており、新しいアイデアを歓迎し、現場の社員からの意見に耳を傾けてきた。これは、トリビューンのほとんどの社員にとっては新しい概念だったが、私は彼らの声が聞きたかった。その一つの方法として、私は私直通のｅメールアドレス「talktosam@tribune.com」を公開した。そして、社員から来た何百通ものｅメールをすべて読み、返事を書いた。これは、私がこの会社で行った誇れることの一つだ。

私たちがまとめたこの会社への提案は、かなり保守的な想定に基づいていた。例えば、トリビューンの最大の収益源である新聞の広告売り上げの割合はすでに下降していたが、私たちはそれがさらに大きく落ち込むことを想定していた。すべてにおいて、最悪のシナリオに十分な余裕を持たせていた。ところが、契約後すぐに新聞の広告売り上げはだれも想像し得なかったほど大幅に落ち込んだ。再編に着手してほんの二～三カ月後の二〇〇八年の第1四半期には、新聞業界全体で広告売り上げの割合が、想定の数倍悪化したのだ。そして九カ月後の二〇〇八年第3四半期になると、史上最悪の水準まで落ち込んだ。

そのあとは、もちろんリーマンショックが追い打ちをかけた。状況があそこまで悪くなると想像した人はいなかったと思う。もちろん私もだ。金融危機は貸し手を一掃し、買いたい人がいても資本が調達できないため、私たちは資産の売却によってキャッシュフローを生み出すことができなくなった。

これは非常事態だった。私たちの計画を実行するための長い準備段階が、一年もたたないうちに頓挫してしまったのである。私たちは、自己満足的な空気のこの会社に、切迫感を生み出そうと奮闘した。計画を成功させるためには、この会社全体に流れるエートスを変えなければならない。動機と現状確認のバランスを取るということが、社員にはなかななか伝わらなかった。そして、社員と組合はすでにかなり神経質になっていた。

契約から数カ月で、収益の大幅な下落を受けて戦略を大幅に変更せざるを得なくなった。最初は一時解雇はしない予定だったが、それも検討せざるを得なくなった。会社の資産売却も考えていなかったが、今や例外はなかった。斬新な投資の代わりに、節約を強いられた。トリビューンはずっと身軽になる必要があったのだ。

私たちは、五〇／五〇ルールと名づけた規則を導入した。五〇％をコンテンツ、五〇％を広告とするのである。その結果、予想どおり、広告の需要が低い月曜日と火曜日と土曜日のページ数が減った。そこで、新聞のサイズも物理的に二・五センチ小さくした。この二つの変更で、新聞の製作費は約一五％下がった。トリビューンの場合、この一五％は非常に大きな数字だった。紙とインクだけでも数千万ドルの節約になったのである。

このようなさまざまな変更に、記者たちからは抗議の声が上がった。このなかには、第一面を覆うようなロサンゼルス・タイムズ紙の広告も含まれていた。新聞にバリー広告を付けることは、トリビューンでは初めての試みだった。ニュース編集室の連中は、冒涜だと怒りの声を上げた。しかし、今日では、業界全体で普通に行われている。

トリビューンでは、新聞や放送局がそれぞれ独立した会社のように運営されていた。私たちは数字を確認して、まずは縮小と再編で従業員を二％削減することにした。そこで早期退職を募った。これは、個人的には非常に辛い発表だった。一度は従業員と共に成長を誓ったし、その見通しを信じていた。今でもそうだ。しかし、このとき会社は窮地に陥っていた。

それと同時に、会社全体の編集局の組織と構成も変える必要があった。例えば、フロリダ州フォートローダーデールには、サン・センティネル紙とテレビ局があった。そこで、テレビ局をサン・センティネル紙のビルに移し、テレビと新聞の両方をカバーする速報センターを作った。この簡単な変更で、新聞に影響を及ぼすことなくテレビにニュースを導入できた。このようにして、効率化のチャンスを会社中で探していったのである。

私たちは、重複を減らすことについて厳格に検証していった。新聞社には、それぞれ用心深く守ってきた伝統があった。例えば、ロサンゼルス・タイムズ紙の一面の署名記事は同紙の社員しか書けないことになっていたが、私はバカげた規則だと思った。もしトリビューンの地元であるシカゴで事件が起こると、シカゴにいる同僚に電話をして協力を求めればすむのに、ロサンゼルス・タイムズ紙は記者を派遣するのである。同様に、シカゴ・トリビューン紙とロサンゼルス・タイムズ紙は、双方が特派員をカブールに派遣して「アフガン・アイドル」ショーを取材した。そして、両紙にこの国際的なイベントに関する異なる署名記事が載った。しかし、これは会社の運営方法として愚かなのは明らかだ。

トリビューンのワシントン支局では、さらにおかしなことが起こっていた。ソシントンにはトリビューン傘下の新聞社から約一〇〇人が派遣されていたが、彼らは同じ会社というよりも、競合他社のような姿勢で働いていた。ロサンゼルス・タイムズ紙の記者は自分たち専用の入り口を持っており、支局の約半分を使っていた。私は彼らと会い、率直に事実を伝えた。「このような無駄を続ける余裕はない」

私がまず、「このうちの何人がロサンゼルス・タイムズ紙から来ているのか」と聞くと、四七人だった。そこで、「つまり、会社の収益の二〇%を稼ぐ新聞が、ワシントン支局の約半分を占めているということだね。それは理屈に合わない。君たちで改善するか私がするかのどちらかだ」と言った。結局、彼らが改善したが、大変だった。これまで優遇されていた彼らは、自分に課された財政的責任を理解できていなかったのである。彼らは私のことを、この仕事について何も分からずに強引に割り込んできたと思っていたが、事実を避けることはできなかった。

私のトリビューンの変革については、私のやり方についても、彼ら自身の変化についても、たくさんの批判を浴びた。私の言葉遣いや説明が怒りをかき立てていたことは分かっている。意図的にそうしていたことも多い。私は社員の情熱に火をつけ、現状を打開させ、自ら変わらなければならないことを自覚させ、その手助けをしたかった。私がすべての答えを持っていたわけではないが、だれかがトリビューン（およびすべての新聞社）の目を覚まさなければ、成功はあり得なかった。記者や編集者や幹部が意地を張るほど、私はイライラした。彼らは現状を分かっていないようだった。もしかしたら私が厳しすぎたのかもしれない。しかし、私が目指す会社の方向性は間違っていなかった。

トリビューンはさまざまな問題を抱えていたが、私たちは集中して収益力を高めることに取り組んだ。トリビューンの確立したブランドをオンラインで資金化する方法がどこかにあることは分かっていたが、オンライン部門も混乱していた。システムが古いうえに、部門ごとに違うため、データを共有することもできなかった。シカゴ・トリビューン紙とロサンゼルス・タイムズ紙のウェブサイトは、まったく別のチームが運営し、互換性がなかった。それ以外にも何百というオンラインのプロジェクトが進行中だったが、その四分の三は四～七年の間に収益を生み出す見込みがなかった。そこで、私たちはこれらのプロジェクトを統合し、明確な優先順位をつけた。担当者からはかなり不満の声が上がった。彼らは、会社の危機の深刻さや緊迫性に対して、あからさまな拒否反応を示していた。

私たちは、すべての新聞を維持する計画だった。しかし、すぐに現実が、いくつかの戦略的判断を強いてきた。すぐに売れそうなのは、ニューヨークのロングアイランドが地盤のニューズデー紙だった。主な買い手はニューズ・コーポレーション（ニューヨーク・ポスト紙などを発行）を所有するルパート・マードックと、デイリー・ニューズ紙を所有するモーティマー・ザッカーマン、そして、ケーブルビジョンを所有するドーラン家である。マードックとザッカーマンの動機が、ニューヨークでの影響力を強めることと経費削減であることは明らかだった。しかし、ケーブルビジョンが関心を見せたことは多くの人を困惑させ、しばらくは本気を疑う見方もあった。しかし、私たちは、もし彼らが入札すれば、最高値で売れると思っていた。そのため、彼らが入札を取り下げる様子を見せ、マードックと交渉する可能性が濃厚になったときにはがっかりした。

マードックとの取引には、株式の持ち合いや独占禁止法などの問題が浮上した。私たちは現金を必要としており、お役所仕事で一年半以上の足止めを食らう余裕はなかった。私は、マードックがウォール・ストリート・ジャーナル紙を買収するときに同じ問題を回避するため、独占禁止法のリスクをとって前払いを保証したことを知っていた。彼はここでも同じことをしようとしているのだろうか。

マードック側の交渉役はJPモルガン・チェース副会長で交渉の達人でもあるジミー・リーで、彼が五億八〇〇〇万ドルを提示してきた。高くはないが可能性はある。話し合いの過程で、私は何回も「ほかのことはいいが、まとまる交渉がしたい。そこを保証してくれ」と言った。話し合いは堂々巡りだったが、いずれまとまるかもしれないと思っていたところに、だれかが五億八〇〇〇万ドルの提示額の詳細をリークした。すると、直後にケーブルビジョンの創業者兼会長のチャック・ドーランから電話があり、「そちらに行って話し合いたい」と言ってきた。

私は即答した。「もちろんです。明日の昼食はいかがですか」。ケーブルビジョンが再び参戦するようだ。

ドーランは、息子のジェームスと一緒にやってきた。二人は腰を掛けると、父のドーランが「私たちはニューズデーに興味がある。現金で六億五〇〇〇万ドルを支払う用意がある。イエスかノーか答えてほしい」。これは簡単な判断だった。マードックよりも高い金額で、規制の問題もないのだ。私たちは週末を費やして細部を詰めていった。

この話を聞いたジミー・リーは激怒し、「連中は絶対に契約しない、実現なんかするものか」と叫んだ。当然ながら、彼は自分の顧客を勝たせたいと思っていた。

私は、彼に言った。「それならば、どうやって独禁法の問題を解決するのか教えてくれ。価格よりも確実に契約することのほうが重要なんだ」

リーは説明できなかった。独禁法の問題がなく、現金で六億五〇〇〇万ドルという提案をしたケーブルビジョンの勝ちは明らかだった。

これは必要な現金注入だったが、それでも十分ではなかった。

結局、私たちの軌道修正は少し間に合わなかった。二〇〇八年一二月九日、不本意ながらトリビューンは米連邦破産法第一一条に基づく破産保護を申請した。これで、トリビューンは負債を整理して一息つけるようになる。

私は破産手続きが行われた四年間、会長にとどまった。私たちはこの会社に時間とエネルギーと人材を投入し、破産法の制限のなかで、できるかぎりの改善策を実行していった。二〇一二年末にトリビューンが再生したとき、その時点では会社の所有者となっていた上位債権者が、この会社を立て直すことができるのはメディア業界の人間だけだと思っていたことは間違いない（実際にはメディア業界で破産が続くという明らかな反証があってもだ）。そう思うのは勝手だが、私はそうは思わない。トリビューンは新しい考え方の恩恵を今後長く享受していくだろう。もちろん、私たちが導入したいくつかの「急進的」な試みは、今では業界で普通に行われている。

私はよくトリビューンの買収を後悔しているか、あれは悪い取引だったのか、私がESOPの扱いを間違ったのか、などと聞かれる。しかし、答えはノーだ。私は、その時点で持っていた情報に対して最高の判断を下した。そして、全力で投資した。資本だけでなく、私にとってその段階ではお金よりも重要だった時間をつぎ込んだ。私は、自分の時間の使い方については、ほかの選ばなかった取引の機会費用と比較して非常によく考えている。時間は私にとって、最も価値ある資源だからだ。

トリビューンについては、重要な業界の時代遅れの運営モデルを変革するチャンスだと思った。問題は解決できると思ったのだ。今でも私たちの戦略は有効で、もっと時間があればうまくいっただろうと思っている。変化を生み出すチャンスはあったはずだ。私にとって最も大事なことだ。私は取引をまとめ、みんながとらないリスクをとることも多い。それは自分ならばうまくできると思うからだし、率直に言って、そう信じるだけの長年の実績もある。

私の人生は、リスクを見極める能力を高めていく進化の過程と言ってよい。もちろん、私が四五年前にとったリスクを振り返れば、「やはり、あれは大きすぎた」と思う。しかし、当時の自分の知識に基づいて、適正だと考えたのだ。リスクに対する理解と見極めに磨きをかけるのに、経験に勝るものはない。とはいえ、どのようなときでも最悪のシナリオを考え、単純化することが重要だ。深淵をのぞきこんでみるのだ。また、規律を守り、感情的な反応を避けることも大事だ。そのうえで、プレーするか降りるかを決めるのである。

私は起業家としてもともと楽観主義者だ。「失敗」という言葉は私の辞書にはない。できたはずのことを考えて、長いこと嘆いたりもしない。私はいつも「首は三六〇度回らないのだから、次のチャンスに目を向けるしかない」という心構えで臨んでいる。

私が二〇〇九年に制作した友人たちへのギフトは、その前年を総括したデザインにした。トリビューンの失敗と金融危機を歌った頌歌で、これらは私たちを混乱に陥れただけでなく、金融界や労働市場や銀行業界や住宅業界に打撃を与え、この国の成長見通しをリセットしてしまった。

この年のギフトはシンプルな三つ折りのカードにした。カードの表の面には、アメリカ国旗を背景にタイトルの「視界ゼロ」の文字を入れ、曇ったサングラスを添えた。オルゴールにしなかったのは一五年ぶりで、ギフトに沿えたカードの一行目に「音楽はやんだ」と書いた。

そして、三つ折りの真ん中の部分には、アメリカ国家の替え歌の歌詞を印刷した。

おお、見えるだろうか、だれがあの灯を消したのか
今は暗闇のなかにいる、将来も明るくはない
マーケットは危機と恐怖で放心し、混乱し、落ち込んだ
蓄積した憂鬱感は根深くて深刻だ
目先の対策では役に立たない
うまくいく方法はどうしたら分かるのか
私たちの運命を決めるのは星なのか、それとも私たち自身なのか

私は後者だと信じている。

第9章

国境はない

二〇〇九年、私はルイ・ヴィトンをはじめとする高級ブランドがモンゴルに出店するという記事を読んだ。なんだって。私は興味を持った。モンゴルの人口は三〇〇万人にも満たず、七〇万人以上が遊牧民だ。彼らがルイ・ヴィトンの製品を何に使うというのだろうか。しかも、この国最大の都市であるウランバートルでさえ、世界的に見て大きな都市とはほど遠い。しかし、モンゴルは銅と金の世界最大の埋蔵量を誇るオユトルゴイ鉱山の開発に着手した。そして、この鉱山はこれらの商品を貪欲に求めている中国との国境まで約八〇キロの場所にある。この鉱山は、モンゴルのGDP（国内総生産）を一年で約二〇％押し上げ、多くのモンゴル人が潤うことになると期待されている。

そこで、私はモンゴルに視察に行った。現地でオユトルゴイ鉱山の開発者と会い、彼の案内で現地を見に行ったのだ。そして、壮大な事業規模に呆然とした。私はそれまで鉱業業界は避けてきたが、この視察で自分の姿勢を再確認した。地下一・二キロの場所で五〇年分以上の供給を賄う鉱物を掘り出すために必要な設備投資は、生産を始めるためだけでも一〇〇億ドルという想像をはるかに超えた金額がかかるのである。商品市場のサイクルの最後に供給過剰になることを考えると、私は手を出したいとは思わない。

旅行自体は素晴らしかったが、食事が合わなかった。きっと慣れれば好きになる味なのだろう。モンゴルでは欠かせないヤクの乳で作ったバターの臭いを初めて嗅いでからは、帰国するまでバナナとパンで過ごした。

移民の子供として生まれた私は、当然ながら国際的な適応力がある。若いころから、世界の出来事や、それが自分の将来にどうかかわってくるのかということに非常に興味があった。これは仕事だけではない。私は生まれもった好奇心の強さから世界中を旅してきた。また、自分の周りの変化や出来事にも大いに興味がある。変化は新しい経験とチャンスにつながる。私は読んだり聞いたりした場所に興味を引かれると、そこに行ってみる。いつもそうしてきた。特にこの二五年間は、できるかぎり世界を見ようと工夫している。旅行は、地形や文化を身近に感じることができるツーリングのときもあれば、面白そうなトレンドやアノマリーについて読んで仕事の潜在チャンスとして興味を持ち、見に行くこともある。もちろん両方を兼ねていることも多い。

私にとって、すべてはつながっている。私は、グローバル化は脅威よりもチャンスのほうが大きいと思っている。需要が国内だけで生まれていた時代は終わった。今は、アメリカのアパートの需要と世界の貿易の流れと外国通貨と外国の安定度の見通しははっきりと区別できる。しかし、今相互に関連していることと独立していることが、次の二〇〜三〇年でどう進化するかは分からないし、それを理解しようとする試みすら始まっていない。

仕事だけでなく、考え方においても、グローバル化に選択の余地はないと私は思っている。これは義務であり、責任であり、スリルなのである。一九九〇年代末に、私の会社は外国の市場に目を向け、新たな民間投資会社のエクイティ・インターナショナルの設立を真剣に検討し始めた。

そのころには、ポートフォリオの商業不動産をスピンアウトして公開しており、私は流動性が高いことが不動産の価値だと考えるようになっていた。アメリカの不動産業界は、空前の収益化と成長と規模の時期を迎えようとしていた。私たちの会社も、これまで想像もしたことがないほど資本調達の道があった。画期的な状況だ。ほかの国でも同じような可能性があることは分かっており、私はこれまでのアメリカ市場での経験が強みになるだろうと考えた。

このときも、みんなにはバカなことをしていると言われた。当時、新興市場は外国人投資家がほとんど手を出せない領域だと考えられていたからだ。一九八〇年代の債務不履行の影がまだ色濃く残っており、最近でもメキシコのいわゆるテキーラ危機（ペソの暴落）をきっかけとして南米全体で通貨が暴落していた。そのうえ、新興国の多くは、一九九七年のアジアの金融危機と一九九八年のロシアの財政危機に揺らいでいた。当時の新興市場は、気弱な人には向かない舞台だったのだ。しかし、私にとっては競争せずに資産を獲得できる素晴らしい環境だった。刺激的なチャンスをもたらす新しい世界だったのである。

私は、不動産のファンダメンタルズは世界共通だと思っている。つまり、アメリカでもそれ以外の国でも不動産価格に大きく影響を及ぼすのは、需要と供給、人口動態、資本の流れといったことなのである。しかし、私たちの最初の外国投資のテーマはわずか二～三カ月しかもたなかった。チャンスの可能性を見つけたとしても、そのチャンスを生かす方法が分からなければどうにもならないのである。

外国での最初の試みは、アメリカと同じ戦略を用いた。物件に投資して、その持ち株会社を設立し、その「母船」に資産を所有させるのである。私たちの大きなゴールは、その会社をいずれ公開することだった。何回か自己資本で外国投資を行ったが、機関投資家が複数の国の資産を所有するＲＥＩＴに関する複雑な仕組みを理解できないか、理解するつもりがないのは明らかだった。国によって税法も通貨も違うため、ＲＥＩＴの透明性を確保するのが難しく、予想もしにくかったからだ。この二つは、まさに私がアメリカで苦労してＲＥＩＴを改善してきた点だったが、それと正反対の状態だったのである。

問題はそれだけではなかった。当時の新興市場の商業不動産の所有は非常に複雑だった。ほとんどの建物は、所有者が使用しており、一つのオフィスビルに何百人もの所有者がいる場合もあった。このような市場には不動産開発用の投資資本のプールがなく、デベロッパーは新しいビルのリースが決まるまで所有しておくことができなかったからだ。そのため、彼らは階層ごと、または区画ごとに入居者や小口投資家に売却し、その資金で次のプロジェクトに着手していた。そんななかで、新興市場に参入する多国籍企業が増えると、リース物件の需要は上がる。しかし、多国籍企業は通常、自ら物件を所有しないし、所有しようとも思っていない。

そこで、私たちは不動産そのものではなく、不動産会社に投資することにした。この戦略は、アメリカではほかの業界（例えば製造業）で実績がある。これはうまくいき、文字どおり新たなチャンスの世界が広がった。

しかし、新たな問題も発生した。新興市場に投資するときは、成長のために法の原則を自分で確保しなければならないこともあるのだ。もし外国の法廷で正義を期待するならば、考え直したほうがよい。そのため、投資をするならば、まずは「パートナーはだれか」、つまり「日々、現地で利益を監視してくれるのはだれか」をよく見極めなければならない。

私たちは、一緒に投資をしてくれる現地のパートナーを探した。信頼できて、利害が一致し、考え方が似ていて、隠し事のない長期的な関係を構築したいと思っている人たちだ。私たちは、現地のビジネスに精通した熱心な仲間を探していた。私たちが「あなたを信頼し、一緒にやりたい。私たちはあなたがたをどのように支援し、どのような手助けをすればいいのか」と聞いたときに、前向きな反応を示してくれる人たちだ。私たちと同じくらい没頭し、共に成功するという考えを理解してくれる人たちだ。現地で何がうまくいき、何がうまくいかないのかという知識は不可欠で、そのような相手と提携すれば外国人が単独で事業を行うよりもより大きなビジネスができるし、うまくいかなかったときの落ち込みも抑えることができる。

例えば、チャベス政権の初期にベネズエラに投資をした。投資先は、南米で最大級の高級オフィスビルを所有している会社で、テナントには、エクソンやシティグループなど一級の多国籍企業が名を連ね、この地域での成長が見込まれた。二〇〇四年初めに、チャベス大統領が行った政府の影響力を強めるという演説について現地のパートナー会社に尋ねると、「彼の言うことは気にしなくてよい。ただ、彼の行動には気をつけろ」と言われた。しかし、その年の後半にパートナーから電話があり、「チャベスが動きそうだ。これから心配すべきときだ」と教えてくれた。私たちは必死で撤退した。逃げ出したのは私たちだけではなかったが、私たちは素晴らしい現地パートナーのおかげで、ポジションをすぐに売却することができた。損失は出たが、現地パートナーの専門性と洞察力がなければ、もっと大変なことになっていたはずだ。

というわけで、私たちは優れたパートナー（現地のデベロッパーや管理会社）を探していた。そして、彼らが機関投資家並みの運用プラットフォームを構築する手伝いをし、商業不動産の大型ポートフォリオを開発し、所有し、リースした。私たちは、潜在成長力のある会社を探しており、いずれは実在する物件以上の価値を生み出すことを目指していた。そのために、ポートフォリオの会社に資金を注入し、その使い方の指針を示し、彼らに厳しい金融的規律や企業統治、洗練された投資と事業戦略に関する専門知識や公開市場に関する私たちの知識を提供し、私たちが持つ銀行やそのほかのネットワークも紹介して、彼らが機関投資家レベルになる手助けをした。目指したのは、一＋一＝三の協力関係だ。

このようなパートナーシップの素晴らしい例で、新興市場における統合のチャンスでもあったのが、ブラジルのBRモールスのケースだ。二〇〇〇年代の初めに、サンパウロとリオの周りには新しいショッピングモールが多く建設されたが、先述のとおり建物の所有者は細分化していた。私たちは、二〇〇六年に地元の上場会社と提携し、BRモールスを事業基盤として成長させようと八六〇〇万ドルを投資した。そして、約一年後にはブラジルのサンパウロ証券・商品・先物取引所でBRモールスのIPO（新規株式公開）を行い、時価総額は約二一億レアルになった。BRモールスは、この資金を使ってこの業界における買収を牽引するようになった。そして五年後には約五〇のショッピングモールを所有するようになった。株主のリターンは二六％を超え、BRモールスの時価総額は一〇七レアルになった。私たちが二〇一〇年にすべての株を売却したとき、BRモールスはブラジル最大のモール会社になっており、投資額は四・二倍、内部利益率は四八・六％に上っていた。

これは、私たちが外国投資を始めて最初に目指したことだった。投資した会社を組織的なプラットフォームに変革することだ。私たちはメキシコから始め、次にブラジル、そのあとはコロンビア、インド、中国へと投資していった。これまでパートナーと共に一五カ国で約三〇の会社を買い、四社をＩＰＯに導いている。

私が新興市場に引かれるのは、そこにもともと需要があるからだ。私は需要を作り出すよりもすでにある需要に対処すべきだといつも思っている。私にとって、外国への投資は人口動態に基づいている。単純に人口の推移だけを見ても、先進国のほとんど（イギリス、フランス、日本、スペイン、イタリアなど）は高齢化が進み、人口は毎年横ばいか減っている。そのため、私たちが西ヨーロッパに目を向けることはほとんどない。ディズニーランドと同じで、ワインと城とチーズを楽しむには良いが、成長はしていない。しかも、年金生活者の数が最も多いのもヨーロッパだ。退職者のなかで仕事についていない人の数がアメリカの二倍近いうえに、ヨーロッパのほとんどの国では年金を税金から支出しているのだ。そうなると、労働人口が減るなかで、資金源はどうなるのかと考えざるを得ない。

一方、新興市場の多くは（インド、メキシコ、コロンビア、南アフリカ、ブラジルなど）、若者の数が多く、成長率も高い。二〇〇七年以降は成長率が急落したものの、それでも先進国よりは高い。つまり、需要が内在しているということだ。

二〇〇〇年代初めごろ、数カ国の新興市場で人口動態トレンドと財政規律によって、中流クラスの人数が急増した。私は、これによって住宅用や小売り用やそのほかの不動産需要が生まれることが分かっていた。そこで、私たちはこの地域でチャンスを探した。

私は、人口動態に加えて、国の安定度も見ている。新興市場の急速に変化している環境においては、政府の指導力が特に重要だ。理想的なのは、大統領が成長志向で、財政保守主義者で、社会自由主義者で、中道といったタイプの国である。

ブラジルは、良くも悪くもリーダーの影響力が大きい国の一つで、同じ大統領の下でも状況が大きく変動する。ブラジルのルラ大統領は、二〇〇二年に選出され、前政権の経済安定化政策の三つの柱（財政黒字の維持、インフレターゲット制、変動為替相場制）を継承した。基本的に、ルラ大統領は成長路線ではなく、政府債務を減らし、インフレを抑え込むことに力を注いだ。その結果、ブラジルは投資適格の格付けを確保し、一〇年間輸出を大きく伸ばし、強いグローバル経済の恩恵を受けた。ブラジルレアルはさらに強含み、ルラが干渉しなかったおかげで新たな中流クラスが台頭した。しかし、二期目になると、ルラの規律は緩み始め、退任したころにはそれまでの成果もかなり後退していた。

後継者は、ルラ政権で閣僚を務めたジルマ・ルセフ大統領だった。彼女も高圧的なリーダーで、干渉的な国主導の構想や政策や規制を打ち出して、ほとんどの民間企業の活動を制限し、助成金や信用を国有企業や特権会社に優先的に与えていた。これらの会社が政府と強いつながりを持つことは、それを悪用する環境を生み出した。また、ルセフ大統領は三年間でブラジルの財政赤字を二倍にした。ペトロブラスの汚職スキャンダルが起こったこともある意味当然だが、その規模と金額には驚いた。ルセフの堕落したリーダーシップは、国全体に暗い影を落とし、機関投資家の信頼を打ち砕いてブラジルを世界中の投資家が拒絶する国にしてしまった。ブラジルの案件を検討していた投資家は次々と逃げ出した。

ブラジルは今、軌道修正を試みている。しかし、完全復活するためには、これまでの損害を認識し、成長と政府の干渉を減らす改革を実行しなければならない。しかし、この国の基本である食料とエネルギーの自給自足や潜在成長力の大きさを考えれば、ブラジルの将来は長期的には有望だと思っている。

政府のリーダーシップや政府が国の経済に与える影響については、中国を抜きにして語れない。ブラジルやメキシコは一応、市場経済だが、中国は計画経済である。中国では、投資規制も政府の気まぐれで変わることがある。主要国のなかで、中国経済ほど予測性も確実性も低い国はない。ただ、その壮大な規模を考えれば、チャンスを無視するわけにはいかない。中国で成功するには一四億人の人口のわずか一％の需要を満たせばよいと言われている。しかし、私は追加的なリスクを考慮すれば、割引率がかなり高くないと見合わないと思っている。

二〇〇六年、中国は投資資本が枯渇していた。地元企業はアメリカをはじめとする外国の投資家を両手を広げて勧誘していた。もう分かったと思うが、私は投資に飢えている市場や案件が大好きだ。売り手もパートナーも全力で歓迎してくれる環境が整っているからだ。これまでの仕事人生で、そのメリットを繰り返し感じてきた私は、いつもそのような力学が働くところを探している。

中国の住宅メーカーにも投資した。市場が資本を必要としており、政府肝いりの住宅ローン制度があったことが主な理由だ。パートナーは英語と中国語を完全に使いこなすバイリンガルで、すべてがうまくいきそうだった。それから二年間で、中国の住宅市場は大きく成長し、上海指数は反発し、国全体にかなりの資本が流入するようになった。ところがある日突然、政府が予告もせずに住宅ローン制度を取りやめた。そして、私のパートナーは突然英語が話せなくなった。まったく連絡を取らなくなったのだ。結局、彼はもう私たちの資金を必要としていなかった。この経験は、グローバル市場では良いパートナーが必要で、それは利害が一致し、共通の目的を持った相手だという私の基本信条を再確認する機会となった。このときは、清算後に利益が出たが、参入から撤退までの苦労に見合うほどではなかった。

新興市場では、投資適格の格付けを受けているかどうかが、国の安定度の大きなヒントになる。初めのころ、私はあと一～二年で投資適格になりそうな国が最も規律と透明性があると考えていた。格付けは、その国に直接的なメリットをもたらすため、国は目いっぱい行儀良くしているからだ。投資適格の格付けは、その国の通貨を強くし、外国投資家の直接投資の需要を増やし、世界がその国の経済を信頼するようになり（その国の政治制度のなかで規律を示したから）、その結果、安いコストでより多くの資本を獲得できるようになる。私たちは、メキシコ、ブラジル、コロンビアがそれぞれ投資適格に近づいたときに投資し、直接的にその恩恵を受けた。

新興市場のなかには、私たちの条件（人口の急増、中流クラスの増加、投資適格に近い、強力なリーダーの存在、資本の必要性）をすべて満たしていても、投資を資金化するためのあと一つの要素が欠けているところもある。それが規模だ。規模がなければ、流動性がないため、選択性がなくなる。要するに、どうにもならなくなるのだ。その好例がアフリカである。多くの国（例えば、ボツワナ）に可能性があると思うが、私の投資対象としては上流クラスと中流クラスが小さすぎる。チリもそうだ。制度が整っていてリーダーもいるが、人口が一七〇〇万人しかいない。規模が足りないのだ。

私は、少なくとも次の一〇年間は南米に世界最高の投資チャンスがあると思っている。二〇一一年に発足したラテンアメリカ統合証券市場（ＭＩＬＡ）がコロンビアとペルーとチリの証券取引所を統合し、何年かあとにメキシコも加わってこの地域に流動性が生まれたため、今後も成長が加速していくだろう。インドも興味深いが、過去に外国投資家を失望させてきた歴史がある。ただ、事業を行うのが難しい場所ではあるが、チャンスはあると思う。

私たちが特に引かれたのはメキシコだった。二〇一一年に福島で原子力発電所の事故が起こったあと、私が話をした多国籍企業の幹部のほとんどがアジアからの輸出の遅れと品不足を嘆いていた。それについてはどうすることもできないが、企業がこの種のシナリオに二度と巻き込まれたくないと思っていることから、彼らがアメリカに近い別の製造拠点を探すことは十分考えられる。そうなると、論理的に唯一の選択肢はメキシコだ。中国の人件費も上がる一方で、アメリカのメーカーの利益率は下がり続けている。そこで、私たちは将来成長する可能性が高いと信じてメキシコの倉庫会社と流通会社に投資した。案の定、四年以内にメキシコにメーカーが殺到し、メキシコの工場からの出荷は二桁の伸びを見せた。

私たちは、世界中でチャンスを探し続けている。私は、外国投資はたくさんの点を結んで結論を導く挑戦だと思っている。私の仕事はいつも、注目すべき点とその点をつなぐ動機を見つけて、そこから最大の利益を得ることなのである。

前にも書いたが、私は人に会うときは相手の拠点に出向くようにしている。それが、外国の場合はさらに大きな効果を生む。私の経験では、訪問したほうが一緒に過ごす時間が長くなる。また、会話の幅も広がるし、深まる。もちろん投資のチャンスについても話すが、そのほかに世界情勢や地元とのつながり、文化、相手のアメリカに対する考え、現在起こっていることなどさまざまなことについて話すことができるのだ。私はいつも、みんなが自分の考えを驚くほど率直に語ってくれることに感嘆している。素晴らしいことだ。

私はいつも長期的な関係を重視してきたが、相手国にそういうパートナーがいなければ成功はないということを教えてくれたのは、アイテルのコンテナリース事業の責任者だったジョン・シェイである。シェイは外国での経験が豊富で、たくさんのコネを持っていた。私は彼について世界中を回り、アイテルの顧客や納入業者と会った。ロッテルダムのカクテルパーティーから、香港で中国の船会社が開いた夕食会にイギリスやドイツの顧客と参加するなど、さまざまな人と会った。彼が顧客と深い関係を築いていることに、私は大いに啓発された。そして、個人的な強いつながりに極端に依存することが、もしかしたら新興市場とアメリカのビジネスの最大の違いかもしれないと気づいた。

そして、このようなコネは驚くべき効果をもたらした。前例のない取引、生涯の友情、そして忘れられない経験などである。時には、取引が持続的な影響をもたらすこともある。その一例を紹介しよう。

私は長年仕事の付き合いがあったファン・ガランドと親しくなった。メキシコの砂糖と飲料の大手企業の会長兼CEO（最高経営責任者）である。二〇〇八年に、彼がすごいアイデアを持ち込んできた。彼とメキシコの民間投資家たちが、アメリカとメキシコの国境に歩道橋を架けたいというのである。サンディエゴの最南端に建設する新しいビルと、偶然にも国境からわずか約一五〇メートルしか離れていないティファファナ国際空港を物理的につなぐという計画だった。こんなものは見たことがない。調べてみると、すでに二〇〇万人以上の人が空港を利用するために国境を越えていたが、既存の方法は遠回りで何時間もかかっていた。つまり、すでに需要があったのだ。

私はこの話に飛びつき、私のチームが八年間に及んだ承認過程を主導した。アメリカ合衆国国土安全保障省をはじめとするとてつもない数の政府機関と交渉して、実現させたのだ。クロス・ボーダー・エクスプレス（CBX）は二〇一五年一二月に開通し、すでに旅行や観光や商業でメキシコのバハカリフォルニア地域の経済を加速させている。新たなチャンスを提供しているからだ。そして、私はそのことが何よりもうれしい。開通時の記者会見でも言ったことだが、「壁を作ろうとしている人もいるが、私は橋を架けた」。

私たちはメキシコでの活動を通じて、UAEともつながりができた。メキシコへの投資が成功すると、アブダビ王室から連絡を受け、二〇〇五年に皇太子に会うことになったのだ。彼もそのあと素晴らしい友人になった。

アメリカ人は、時に自分が知らない文化圏の人を既成概念に当てはめる傾向があり、特に中東についてはそれが言える。イギリスで学んだ皇太子は、政治的にも経済的にも首長国と西側諸国との関係改善に力を注いでいることで知られている。私たちがメキシコで手掛けていた低所得者層向けの住宅建設について知った皇太子が、私をアブダビに招いた。アブダビは急速に発展しており、急増する労働者の住宅が急務になっていた。

初めて面会したとき、私は彼に言った。「あなたもバイクに乗られるそうですね」

彼は笑顔でイエスと言った。

「もし可能であれば、ここにいる間にあなたと一緒にバイクで出かけたいのですが」

すると「それでは明日の夜はどうですか」という答えが返ってきた。

これはうれしかった。翌日の夜一一時に彼の家に行くと、バイクが一〇台並んでいた。「好きなのを選んでくれ」と言われ、私はドゥカティ一〇〇〇を選び、彼はトライアンフにした。

私たちはアブダビ中を走り回った。これは素晴らしい経験で、とにかく美しかった。途中で、赤信号で止まっていると、すぐ横に止まった車の運転手と乗客がぽかんとした顔でこちらを見ていた。あとで友人たちにこの話を大いにしたことだろう。国の統治者がバイクで走っているのだ。私が運転手の反応を伝えると、皇太子は笑って、それが夜にバイクに乗る理由の一つだと教えてくれた。日中に乗ったときには、すべてが止まってしまったそうだ。

私は、自分の国を誇りに思い、それを熱心に紹介しようとする人たちが大好きだ。最も思い出に残った旅の一つは、ベネズエラのパートナーに案内されてヘリコプターで「悪霊のテプイ」というテーブルトップ山を巡ったときだ。カラカスから南東に約五六〇キロ離れたこの山は、空路以外は三日かけてハイキングしないとたどり着けない場所にあり、山頂がそぎ落とされた不思議な形をしている。この辺りには、似たような山が一〇〇くらいあり、ジャングルのなかに巨大な蝋燭のようにそびえている。側面はほぼ垂直な崖で、巨大なテーブルにも見える。なかには三〇〇〇メートル近い山もあり、そのなかのロライマ山は二〇億年以上前の地球で最古の地形だとも言われている。私たちは、一日かけてこの巨大な物体を外から、中から、周りから、そして下からと見ていった。また、世界最大の落差を誇るエンジェルフォール（滝）は上と下で降りて見学し、昼食は人里離れた原住民の村で食べた。この旅は、私にとって最も刺激的で最も思い出深い経験の一つとなった。

私が特に引かれる場所の一つに、何年も旅行者に開放されていなかったところがある。二〇〇四年にアメリカとリビアの関係が改善し、旅客機の運行も始まったため、私は妻のヘレンと姉のジュリーとその夫のロジャーと旅行を計画した。UAEの知り合いに紹介されたリビアのビジネスマンが私たちを招待してくれた。首都のトリポリに着陸すると、入国審査も関税もなく、私たちは直接飛行機に横付けした車に乗り込んだ。もちろん、それ以降も何のチェックもなかった。

この旅の目玉は、二五〇〇年前に建設されたガダミスの旧市街の観光だった。ガダミスは、土と石灰岩でできた建物が階層になって市を覆ったようになっている。低い層はトンネルの迷路のようになっており、明かりは通気口から少し入る太陽光とそれを反射する鏡しかない。こうして、砂漠の熱気から住民を巧みに守っているのだ。二層目の地上階は屋根がない道路網になっている。ここは複雑な上下水道設備と好調な経済と地上での交易によって、自給自足の社会になっている。驚くべきことに、ここは一九八〇年代半ばまで普通に住居として使われていた。近代住宅のほうが住みやすいはずだとして政府が近くに住宅を建設し、住民を移動させようとしたが、住民はここを離れたがらず、一九九〇年代末にやっと最後の家族が出ていった。本当に特別な場所なのである。

一九九〇年代半ばには極東に出かけ、カムチャツカ半島で給油しなくてはならなくなった。ここは、かつてはソビエトの軍事施設があり、極秘扱いの地域だったことで知られている。到着した空港は古くて不気味な感じだった。滑走路はあらゆる隙間から雑草が伸び、両側には倉庫や格納庫に軍事用ヘリコプターやジェットが見えた。まるでここは何年も見捨てられているように見えたし、実際にそうなのだろう。冷戦を思い出させる最後の遺産なのかもしれない。

さまざまな経験をしたいと思っていると、さまざまなチャンスが巡ってくる。そのなかには自分の性格に合わないこともある。例えば、モロッコに七面鳥狩りに行ったときのことだ。私だけが銃を持たないことを選択した。まじめなユダヤ人に銃は必要ない。誤ってだれかを撃つのが怖かったのだ。

経験とは、その場所の文化に自分をはめ込むことである。しかし、時には望んだ以上に近づきすぎてしまうこともある。一九九〇年代半ばに、ゼルズエンジェルスの旅行で東ヨーロッパに行った。プラハをスタートして、翌日は五時間半かけてクラクフに向かった。ポーランドの国境に向かう道は、ソビエト軍が一九六〇年代にチェコスロバキアに侵攻するのに使った高速道路で、仲間の何人かがスピード違反で足止めされた。もちろん私たちは言い訳をして切り抜けようとしたが、二カ国語が混ざり合って難しかった。私たちはツーリングに行くとき、訪れる市の名前をリストした特注のTシャツと帽子とトレーナーを身に着け、いつも余分に持っている。このときの旅のシャツはくすんだ緑色だった。理由は分からない。警官との交渉がうまくいっていなかったので、私たちは西側のお土産はいらないかと言ってTシャツを取り出すと、彼が黙った。しかし、次に片言英語で、「別の色はないのか」と言われてしまった。

そのあとポーランドに入ると、道端に白い警棒を持った二人の警官がいた。彼らが警棒を振ったので、私たちも手を振って応えた。一〇分後、バックミラーを見ると警官の一人が私の仲間の一人を止めて、頭に銃を向けているではないか。ポーランドでは、白い警棒を振られたら、路肩で停車しなければならないことを仲間のだれ一人として知らなかった。しかし、私たちには秘密兵器があった。仲間の一人が名誉保安官で、彼はいつもアメリカ国旗のついた保安官の記章をいくつか持っていた。いつもそれを地元の警官のベルトやボタンと交換しているのだ。このときは、それを使って国境警備兵の足止めを切り抜けることができた。

旅行や友情や取引やパートナーなどは、すべてが世界に対する見識を高めてくれる。そして、自分がどのように参加すればよいかをより深く理解することができる。これは外国だけでなく、アメリカでの活動についても言えることだ。

第10章 私の会社を支えるカルチャー

私はよく、会長の肩書はいくらでもあるがＣＥＯ（最高経営責任者）は一つもないと言っている。自分の得意とする展望、方向性、戦略などに専念しているからだ。これらは私が最も付加価値を与えられる部分と言える。私は一日のほとんどを、みんなの話を聞くことに費やしている。そのうえで質問し、精査し、可能性を示すのだ。

私が仕事として扱っている株は、約五〇年前に投資会社を始めたときよりもはるかに増えた。このなかには、私が設立した社名にエクイティが付いた五つの会社や、私が大株主として会長を務めたり影響力を行使したりしている会社などがある。私はそれぞれの会社に素晴らしい人材を充てて経営を任せている。私自身は日々の運営にはかかわっていないが、近くにいて注視している。

私はビジネスにおいて「半径理論」を信じている。これは、成否は自分と判断を下す人物の間に何人がかかわっているかで決まるという考えだ。離れたところで下された判断ほど、リスク管理ができなくなる。過去の例を見ても、事業は権限委譲が足りなくても、しすぎても、うまくいかないことが分かっている。

若いころにボブ・ルリーと会社を作り、それを育ててきたなかで、私はいつもあることを最優先にしてきた。それが、カルチャーがすべてという考えだ。仕事時間のほとんどを過ごす環境は、自分がどんな人間で、どんな同僚や部下と仕事をしたいかを反映している。カルチャーによって、アイデアを生む環境にも、殺す環境にもなり得る。何十年も続く関係を築く場になることもあれば、トランプのように次々と相手を変えていく場にもなり得る。つまり、カルチャーは会社の生命の源なのである。

そこで、私の会社のカルチャーについて少し書きたいと思う。私の成功を支えた大きな要素だと思うからだ。

私の会社は基本的に能力主義である。初期のころにルリーと私が築いた環境だ。能力主義は、表面的な基準ではなく成果で評価することによって、ありのままの自分でいる自由を提供している。要するに、これはみんなが自分にとって重要なことに集中し、その人の最高の成果を見せるチャンスでもある。本当の能力主義の環境で仕事をしたら、それ以外の環境でやっていくのは難しいと思う。

しかし、それ以上に私たちの会社のカルチャーは、動機と創造力と遊び心と実践力と賢さを重視している。私の会社では、賢い裏づけがある意見を持つようにすることと、それに自信を持つことを推奨している。また、「オープン・キモノ」の方針を常々掲げている。秘密や陰口や密室会議をなくし、すべてをオープンにして、胸襟を開いておくということだ。これは私たちのリスク管理の重要な要素でもある。

この方針は、時に目に見える形で分かることがある。その例を紹介しよう。私の会社の部屋は三五年間同じ場所にあるが、四年前に改装工事をしたとき、私は自分の部屋にドアがあることに初めて気づいた。戸袋があるこのドアが閉まっているのを見たことがなかったので、その存在を知らなかったのだ。

私の部屋には、幹部から郵便物係まで、だれでも来ることができる。会長が部屋のドアを開けているので、それをしない人は度量が小さく見えてしまう。つまり、私の会社で、部屋にこもっている人はいない。

そうでない会社もある。あるとき、私はロサンゼルスにある有名建築家の会社を訪ねた。

この事務所は、窓際に幹部のガラス張りの部屋が並んでおり、その前に秘書のデスクが並んでいた。建築家の部屋は一番奥にあった。私が彼の秘書と話をしていると、彼女が「ボスはいつも私に調子はどうかと聞くのですが、私が答えるころには彼は部屋に入っているんです」と言うので、私は彼女に言った。「水の上を歩く（奇跡を起こす）ときに立ち止まるのは難しいんだよ」

私たちの会社では、そのような行為はしないようにしている。その代わり、からかわれたり、アイデアに反対されたりするのはいつものことだし、会社のみんなとは長い付き合いになる。

私がリスクをとる人間として最も恐れているのは、間違った判断を防いでくれる情報が得られないことだ。そのためには、みんなが孤立しないこと、つまりみんながみんなのしていることを知っている環境を作るしかないと思っている。私はいつも「サプライズはなしにしてくれ」と言っているが、これは本気だ。問題を早く見つけることができれば、私たちにはそれを直す力があると思っている。だから隠してはならない。そして、安心してほしい。ここでは使者を殺すようなことはしないのだから。

それと同時に、私の会社は起業家的な組織でもある。みんなにできるだけ権限を委譲しているのだ。私は自発的な人が好きだ。みんなに率先して限界に挑み、疑問を持ち、挑戦してほしいと思っている。もちろん、この種の自由には責任が伴うため、優れた判断は欠かせない。幸い、私は才能ある人材を見極めるのは得意だ。

私が自分のチームを大いに信頼できる理由は、採用の仕方にある。少し変わっているかもしれないが、私は管理職を探すとき、職務内容を決めてそれに合う人を探すことはしない。自分の会社に合う才能ある人材を探し、その人を生かす方法を探すのだ。すると、たいていは期待どおりの働きをしてくれる。たまにうまくいかないときは明らかに分かる。

しばらく前のことだが、私はいくつかの世界的な企業で働いてきた優秀な女性を雇った。しかし、六カ月後にクビにした。それは彼女が政治的だったからだ。彼女は情報をため込んで、それを切り札に立ち回ろうとした。彼女の行為を責めようとは思わない。残念ながら、多くの会社はジャングルの法則――他人の失敗によって生き延びることができる――で運営されているからだ。彼女はその世界では優れた人材だったのかもしれないが、私の会社で重視している分かち合うカルチャーにはなじまなかった。秘密は人を埋もれさせる。この優秀な女性はおそらくクビになったことなどないだろうし、きっと別の会社で素晴らしい成功を収めるだろう。しかし、情報を取引材料にするという考えは、私には受け入れられない。

私の会社で働くには、あるレベルの知能指数が必要だが、ロケット工学者レベルが必要なわけではない。結局のところ、私の会社で成功するのに必要なのは、動機とエネルギーと姿勢と判断力と自信と情熱で、あとは問題の核心に切り込むことができればよい。これらの資質があれば、知能指数が二〇ポイント低くてもかまわない。頭は良くても取引のポイントを把握できないため、私の会社ではうまくいかなかった人も何人もいた。あるとき、夜八時ごろ社内を歩いていると、一人の社員が私たちが検討していた期間一〇年の不動産プロジェクトについて調べていた。彼の机をのぞき込むと、彼が試算に何時間もかけていたことが分かった。しかし、彼のやり方はまったく逆だ。私は「内容をよく見て、何が成否を左右するか見極めなければダメだ。カギとなる要素がうまくいくならば、数字で検証すればよい。八時間計算したあとで無駄だったと分かるようなことはするな」と声をかけた。彼のほうが私よりも知能指数は高いのだろうが、それでは仕事にならない。最初に全体図を効率的に査定し、最大のリスクの可能性を見極めることができなければ、うまくいくかどうかを調べるために延々と計算し続けなければならない。しかし、それではほかのチャンスを探す時間がなくなってしまうのである。

私はいつも社員に「反論してくれ」と言っている。私が彼らに反論するように、彼らにもそうしてほしい。そして、どちらも自分の取引に対する立場を主張すべきだ。そうすれば、みんなが賢くなる。私は彼らを最大限生かし、彼らも私から最大限のものを得るというウィンウィンの関係を目指しているのだ。

この二〇～三〇年は、社員が私をボスとして扱わないようにかなり努力してきた。彼らの警戒心を解いてアイデアがあふれるようにしたいのだ。しかし誤解しないでほしい。私はボスでいることは好きだ。私はこの責任を引き受け、かなりうまくやってきたが、イエスマンなどに囲まれたくはない。みんながいつも「OK、サム、あなたの言うとおりにします」としか言わなくなったら目も当てられない。起業家の環境としては最悪だ。私は社員に「私の考えを繰り返したり、推測したり、知りたがるのはやめてほしい」と言っている。そして、それが分かってもらえるまで何度も繰り返す。私が部屋でみんなと話をするときに求めているのは、敬意ではなくアイデアを出すことだ。そのようなとき、みんな同じ立場にある。そして、みんながそれぞれの試みの一端を担っているのだ。

ここまで読んでくれれば、私が利害を一致させること、つまり自ら関与することを重視していることは分かったと思う。ＥＧＩ（エクイティ・グループ・インベストメント）で最初の取引を行って以来、私はみんなにチャンス（リスクも利益も含めて）を広めてきた。社員と一緒に投資し、社員に利益を「助成」することもよくある。つまり、私が彼らの投資を支援するのだ（例えば、社員が三万ドル投資したら、私は一五万ドル出すなど）。そして、もしその投資が最低目標を達成したら、社員は総額（一八万ドル）に対する利益を受け取ることができる。実際、私たちはいつもお互いの成功に投資している。これは動機になるだけでなく、協力するときには欠かせないことでもある。私たちは取引のチャンスや問題について話し合い、疑問をぶつけ合い、みんなで精査する。みんながみんなの取引に少しずつかかわっているからだ。私にとって、自分が何千人もの雇用を生み出し、社員に無限のチャンスを与えられること以上にわくわくすることはない。それと、何百人もの億万長者を生み出したこともだ。会社を繁栄させるアイデアに対しては、言葉で称賛するだけではないのだ。

私の会社の幹部は、自分だけの領地を築こうとはしない。社内のライバル関係はあるかもしれないが、それが会社の利益よりも優先されることなどあり得ないのだ。このような協力のカルチャーは私の投資会社だけでなく、私が会長を務めたり、所有したり、大株主になっている会社にも広がっている。それが実践されているのが見られるのは、驚くべきことかもしれない。私の会社には能力も競争心も世界レベルの幹部が何人もいるが、私は毎日彼らが仕事の手を止めてほかの社員の手助けをしている姿を見ている。私の会社の幹部は膨大な情報源やたくさんの仲間を持っており、ほぼすべての分野において即座に賢くて素早い対処ができる。それに加えて、この会社で四五年以上働いた何千人もの「卒業生」もいる。私たちのカルチャーを支える底力の大きさを感じてもらえただろうか。

私は、人を見つけるのもうまい。そして、一度相手を信じると決めたら、そのことを示すためにすぐに大きな責任を与え、一緒にリスクをとる。これはジェイ・プリッカーが私にしてくれたことでもある。もし私の目が正しければ、その人は懸命に働いて、私と彼自身のために、期待に応えてくれる。それは、それまで以上の力を出すチャンスにもなり得る。そして、それが病みつきになる。ある人は、それが熱い忠誠心につながるのだと言っていた。そして、この忠誠心は双方に働く。

私は、私の会社に入る人に「ここで働いてしまうと、ほかの会社ではけっして満足できなくなる」と話す。本当にそう思うからだ。会社を辞めるつもりがない人がたくさんいるし、辞めた人の多くが戻ってこようとする。社員の勤続年数も非常に長く、勤続二〇年以上や三〇年以上の人が多くいるのだ。私のアシスタントから、中間管理職になり、ＣＥＯ

に上り詰めた人もいる。ここには常にチャンスがある。会社が方向性を変えるたびに、社員には新たな成長チャンスがある。エクイティ・グループ内で異動して、新しいチャンスに挑む人もたくさんいる。

自分から会社を辞めた数少ない最高幹部の一人も、結局は戻ってきた。彼は二〇年間務めたあと、より高い報酬とより大きな権力に引かれて転職した。彼が戻ったとき、私は興味本位で理由を聞いた。「理解できないよ。給料は二倍で、地位もずっと高いのに、なぜ戻ってきたんだい」

こんな答えが返ってきた。「簡単なことさ。ここでは問題があっても、君の部屋に行って話をすればすぐに答えが出る。即座に話ができるんだ。しかし、新しい会社では、何をするにも数人に宛てた書類を作らなければならないから、答えが出るころには創造力も枯れて、何をしようとしていたかすら思い出せないようなありさまだ」。素早い判断と自主性は彼にとって空気のようなものになっていたのだ。

もう一つ例を挙げると、最近、私たちは六〇億ドル規模のオフィスリース会社の経営陣を、二～三カ月でゼロから組織しなければならないことがあった。すると、以前に売却した関連会社を含めて、エクイティ・オフィス関連の会社で働いたことがある人たちから電話が殺到した。結局、何週間かで三〇人のチームが稼働したが、そのうちの二六人はエクイティ・オフィスに関係があった人たちだった。

私の会社がどんな会社かということと、私自身がどんな人間かを示す創造的表現は重なることが多い。

私たちは、自分に対しても、お互いに対しても、態度は不適切かもしれないが、ふざけてはいない。官僚主義者に対しては特にそうだ（会社には沸騰する油のなかに座り、赤いテープを何重にも巻かれて書類に埋もれる官僚主義者の彫刻がある）。私はときどき会社のデッキで卓球の玉入れのようなゲーム大会を開いたり、毎年、ミモザパーティーを開いたりしている（願わくは、そのときにＮＨＬのシカゴ・ブラックホークスの優勝パレードを見たい）。ただ、私にとっては当然ながら、余興が仕事を楽しくするのではなく、仕事自体が楽しいのだ。

あまり理解されていないが、仕事の楽しみの一つは、時に深い感銘を受ける機会があることだ。私はコミュニケーションの効果を大いに信じている。これがすべてだ。しかし、これは必ずしも言葉だけではないし、言いたいことは厳格な言い方や辛辣な言い方をしなくても効果的に伝えることができる。

私は根っからのセールスマンであり、なかでもアイデアを売るのが好きだ。私は取引するときには印象に残るポイント（例えば、経済性）を示すようにすると同時に、エクイティ・グループがほかとは違う点も伝えるようにしている。

私が自分の創造性に気づき始めたころ、それをまったく新たな段階に押し上げる手助けをしてくれたのがピーター・スロッシだった。彼とは一九八八年にバイクでコロラド州を巡っているときに出会った。彼は創造性の天才で、世界中のすべてをまったく違う視点で見ていた。彼の限りない発想力は、私の想像をはるかに超えていた。彼はデンバーでグラフィックデザインの会社を経営していたが、たまにしか仕事をしていなかった。彼と知り合ったときには、一緒に何ができるのかはっきりとは分からなかったが、私は大きな可能性を感じた。

もし市場にブランドを確立し、そのファンを獲得できれば、それを資金化できることが私には分かっていた。そこで、私はスロッシをシカゴの私の会社に招き、話をした。まず、私が考えたいくつかの概念を紹介し、私が毎年作っている年末のギフトやそのほかの型破りなアイデアを使って、取引相手に私たちがみんなとは違うということをアピールする方法について話し合った。そのあと、私は彼に尋ねた。「ここに来て、私の創造チームを引き継いでもらえないだろうか」。この時点ではフルタイムの仕事かどうかも分からなかったが、こう言い添えた。「ほかにやることがないのだから、やってみればいいじゃないか」。彼はシカゴに移ってきた。そして、彼の仕事はフルタイムになったどころか、独立した部署になり、今日でも私の会社のカルチャーを象徴する中心的な部署の一つになっている。スロッシは理想の仕事を見つけ、私は会社の創造性の拠点を得た。スロッシの下で、私たちは自分たちの展望を巧みに、たいていは無遠慮に世界に向けて訴える品物を制作していった。IPO（新規株式公開）でその会社の最も重要なメッセージを印刷したTシャツや、翌年の経済界のテーマを風刺する年末のギフトなどである。

残念ながら、スロッシは二〇〇七年にがんで亡くなった。個人としても会社としても、ルリーが亡くなって以来の大きな打撃だった。しかし、スロッシの展望は、彼が築いた部署で、彼の後任で友人でもあるビル・バートロッタに受け継がれている。

この部署のプロジェクトの一つは、私の「名刺」作成だが、名刺と言っても小さな赤い本で、私にとって特別な意味があるサムイズム（サムの主義主張）が書かれている。「常に一〇〇％正しくあろうとすれば、いずれまひ状態になる」「常識は目安の一つにすぎない」、そしてお気に入りは「オレの言ってることが分かるかい」。もちろんすべてにイラストが添えてある。

最後に、私は二〜三年おきに約八〇〇人を招いて私の誕生会を開く。誕生日はどうでもよいが、知り合いたちに集まってもらい、創造的な忘れられないイベントを開く言い訳にはなる。この催しは一九六〇年代末の宝探しから始まった。これは子供のころに行ったキャンプ・ラマ（ユダヤ人の子供用サマーキャンプ）からヒントを得ている。キャンプでは、ヒントは聖書の一説にあり、理解が深まるにつれて場所が明らかになるように作られていた。私のパーティーでは、聖書ではなく毎回テーマを決めて、客人にシカゴを巡ってもらう。テーマは年によって、病院だったりホテルだったり慈善団体だったりする。各チームが受け取るリストには一〇〇の候補地が書かれており、シカゴ以外の人も公平に競うことができるようになっている。ヒントは、例えばテーマが教会だと、「性交なし」ならば答えは無原罪の御宿りの聖母教会、テーマがビルでヒントが「モノポリ」ならば答えは商品取引所、テーマが公共施設でヒントが「ビーバーの力」ならば答えはボルツ・ロード・ダムといった具合だ。

客人は六人程度のチームに分けられてリムジンで市内を巡るため、市民を怖がらせている。宝探しに商品はないが、大いに自慢する権利が与えられ、これは私の周りでは大きな動機になる。

お手上げ状態になったチームは、私に電話をかけてくる。私はワインを飲みながら電話を待ち、追加のヒントを出す前にガミガミ叱りつけるのが大いに楽しい。

このような宝探しは、私の会社で今日も続いている仕事の仕方を反映している。私の会社では、トレンドやアノマリーを見つけると、だいたいの方向性を見極めたらとりあえず行動を起こす。社員が集まって、その方向性が意味するあらゆる可能性を議論し、それぞれが自分の解釈が正しいかどうかを証明するために動き出すのだ。これはチャンスに対するR&D（研究開発）の手法と言ってよい。また、この方法は社内に健全な競争を生み、みんながお互いに刺激されて最善を尽くす雰囲気を高めることもできる。それと同時に、私の会社では前にも書いたとおり、みんながその日の獲物もリスクも分け合うことになっている。つまり、もし自分の案件が選ばれなくても、ほかの人の案件の成功を願うことになる。

もしだれかが途中で行き詰まれば、私と一緒に振り出しに戻る。宝探しでは、私はもちろんヒントの答えを知っているし、一〇〇万ドルが当たるわけではない。仕事では、みんなで考えながら障害を乗り越え、私が次の道しるべを設定する。

私は、社員にはかなり自由に探索や問題解決をさせるが、大きな決断をするときは私がリスクを管理している。この自主性と素早い判断の組み合わせは、彼らにとって麻薬のようなものだ。彼らは私が信頼していることを知っている。私は口では言わないが、態度で示す。投資部門の社員が見つけ、調べ、交渉し、契約してきた取引に私が一〇〇万ドルを出せば、刺激的で活気のある環境を作り出すことができるのだ。

宝探しは、二六年たってプレーヤーが三〇人から二四〇人に増えた。その時点で、彼らを効率的に移動できなくなり、宝探しから宝物のような思い出に残るイベントに変更した。

パーティーを一カ所にしたことで、より高い創造性が求められるようになった。そのため、複雑で、創造的で、知性を刺激し、翌日に言葉では説明できないような経験を生み出すことが私の目標になった。もし説明したとしても、人によって言うことがまったく違うような体験だ。また、一流エンターテイナーにも出演を依頼している。これまで、エルトン・ジョン、ジェイ・レノ、ベット・ミドラー、イーグルス、ビーチ・ボーイズ、フリートウッド・マック、アレサ・フランクリン、ジェームス・ブラウン、シルク・ドゥ・ソレイユなどが出演している。特に気に入っているのは二〇〇六年のパーティーで、このときは客人をボートでインディアナ州とイリノイ州の境に近いボートヤードに運んだ。そこに一つが約四トンの海上コンテナを四五〇個使って約三三〇〇平方メートルの会場を設営したのだ。コンテナのドアは内側に開き、ジョセフ・コーネルの箱に着想を得たさまざまなシーンが作られていた。このときはポール・サイモンやフランスの花火師などが会場を盛り上げた。妻のヘレンと私は、みんなに会いたいために、二〜三年ごとにこのようなパーティーを主催している。招待客のリストは長くなる一方だ。

パーティーについては、もう一つこだわりがある。私はこの場をみんながブランド服を競い合うようなところにはしたくない。「成功のための服装」的な発想は大嫌いだが、そうなってしまうことは分かっていた。そこで、公平な場を作るため、招待状に入場券としてTシャツを添えることにした。招待客はだれであれ、何らかの形でこのTシャツを着用していなければパーティーに参加することはできない。そうなると、みんなTシャツでネクタイや帽子やスカートやスカーフを作ったりして工夫するようになった。意図したことではないが、私が避けたかった服装の競争は、どのようにTシャツを「着る」かの創造性の競争に進化していった。完璧だ。

会場に足を踏み入れ、八〇〇人の人たちが同じTシャツをおのおのの表現方法で身に着けているのを見るのは最高に楽しい。これは愉快なだけでなく、即座に仲間意識を生み出し、会話のきっかけにもなる。また、このTシャツは頭の体操にもなっている。毎年テーマがあって、パズルが付いており、それを解けば出演するエンターテイナーが分かるようになっているのだ。

私は、EGIの社員は家族だと思っている。そして、彼らもほとんどがお互いをそう感じている。もしかしたら、「部族」と言ったほうが正確かもしれない。受付からCEOまで、私たちのカルチャー水準は訪れる人に感銘を与えている。私たちが相互に責任を負い、忠誠心と信頼を分かち合っていることをぜひ理解してほしい。EGIに入れば、「敵は外にいる」。結局、これはファミリー・オフィス、つまり家族のニーズを満たすための会社なのである。

そして、私の家族と同様、私は社員全員に幸せになってほしいし、それぞれの仕事を楽しんでほしい。そのためならばどんな努力もいとわない。二～三年前に、最高幹部の一人が私の部屋に来て、二〇年間勤めたが会社を辞めようと思っていると言った。神学校に行きたいというのだ。そこで私は言った。「パートタイムで働いてみればどうかな。もしどうしても専念したくなれば、そのときはそうすればいい。うまくいかなければそれまでだ」

彼女は私にとって、仕事上でも個人的にも大事な存在であり、幸せでいてほしかった。彼女は最近、神学校を卒業し、今でも会社の最高幹部に名を連ねている。そして幸せだ。私もうれしい。それに、わが社の仕事でいつ何時、神学校の考え方が必要になるかもしれないではないか。

第11章

違いを生み出す

起業家というのは、何をするかだけでなく、どう考えるかも重要である。世界をどのようにとらえるかということだ。起業家は、いつも何かを改善する機会を探している。彼らは問題に気づくだけでなく、解決策を見つける。いつも新しいアイデアを考え、それを試すことを恐れない。彼らは自発的で、リスクをとり、指導力を発揮する。彼らはいつも「自分のほうがうまくできる……自分なら改善できる」と考えている。そして、長年の懸案を抱えている。私の会社では、社員全員が起業家であってほしいと思っている。

私は常に起業家精神を持ってやってきたが、それは移民の子として育ったことが大いに影響している。アメリカは起業家によって作られた国で、そのほとんどが移民だった。この国にやってきた移民は、もともと自分で選んで来た人たちだ。彼らは慣れ親しんだ母国を離れるという大きなリスクをとって、未知の世界に飛び込んだ。彼らは何らかのアイデアを持ってこの国に来て、ビジネスを始め、イノベーションを起こした。彼らは大国を作り上げた最初の原動力だったのである。

今日、「起業家」という言葉はＩＴ企業の立ち上げと同義語のようになっているが、それはこの言葉の定義のほんの一部分でしかない。起業家とは、どんなことにおいても見つけることができる。もちろん会社を作ることもそうだが、多国籍企業にも、普通の会社にも、学問の世界にも、医療の世界にも、非営利団体にもいる。独立心と創造力と発明力とリスクをとる意欲があれば、だれでも起業家なのである。

起業家はいつも何かに突き動かされている。私たちは、いつも目の前のチャンスに賭けている。動機は何か。数十億ドル規模の会社を育て上げた創業者は、創業当初のころでさえ、お金だけのために会社を経営してきたとは思えない。もちろん、大金を儲けることはニンジンにはなる。しかし、大胆に言えば、多くの偉大な起業家は、単純に自分の仕事が好きなのだと思う。彼らは、問題を解決するのも、ゼロから何かを作り上げるのも、自社の製品やサービスに情熱を傾けるのも楽しんでいるに違いない。

そして、優れた起業家は常に優れたセールスパーソンでもある。アーサー・ミラーは、戯曲「セールスマンの死」で主人公のウィリー・ローマンにひどい仕打ちをした。ミラーが描いたセールスマンの暗く退屈な生活に絶望する人生は、私がセールスマンとして経験したのとは正反対だ。私や私の会社の幹部は、自分たちのアイデアを外の世界に紹介しなければならないだけでなく、社内の人たちにも売り込まなければならない。良いときも悪いときも、彼らを奮い立たせなければならないのだ。彼らが納得しなければ、成功はない。それしか方法はないのだ。

私はよく「起業家精神は教えることができるか、それとも生まれながらのものか」と聞かれる。私は、生まれながら持っている起業家的な遺伝子も少しはあるし、人によってその強弱があると思うが、教育によって、学生の起業家的な傾向を見つけ育て応用させることができるようになると答えている。

私は、起業家教育に大金を投じている。私の慈善活動の中心と言ってもよい。これが大きな違いを生むと考えているからだ。成功した起業家は、たくさんの雇用を生み出し、革新を起こし、ＧＤＰ（国内総生産）に貢献するなど、すべての船を持ち上げることができる。彼らは成長の発信地になれるのである。

私は、一九七〇年代末から起業家教育を奨励している。ミシガン大学の卒業生として、ボブ・ルリーと私は大学とかかわりを続け、当時、同経営大学院の学部長だったギル・ウィタカー・ジュニアと連絡を取り合っていた。そして、同大学院の授業や方向性を見直したときに、現実との大きなギャップに気づいた。当時はどこでもそうだったが、ミシガン大学の経営大学院でも起業家教育を見落としていた。彼らは公式を暗記させていたが、正しい答えは必ずしも数字や公式から見つかるものではない。

私は、この考えを一九八八年にハーバードビジネススクールで講演したときに、次のエピソードを交えて伝えた。

エイブとサラはともに六〇歳の夫婦で、結婚してから約四〇年がたっている。ある年、二人は別々に休暇を過ごし、お互いに近況を伝えた。エイブのはがきを見てみよう。

愛するサラ

天候に恵まれ、休暇を楽しんでいます。今朝はプールサイドに座っていたら、二〇歳の美人と知り合いました。一緒に泳ぎ、昼食をとり、おしゃべりをしました。今夜は私の部屋で蝋燭をともして夕食をとることにしています。何か良いことが起こるかもしれません。

君も大いに楽しんでいることを祈っています。

愛をこめて、エイブ

それに対して、サラは次のように返信した。

愛するエイブ

こちらも素晴らしい天候で、私も楽しんでいます。私も今朝、プールサイドにいたら、二〇歳の素敵な男性と知り合いました。一緒に泳ぎ、昼食をとり、おしゃべりをしました。今夜は私の部屋で蝋燭をともして夕食をとることにしています。私にも何か良いことが起こるかもしれません。

愛をこめて、サラ

追伸　二〇歳の男性が六〇歳の女性と付き合うことは、六〇歳の男性が二〇歳の男性と付き合うよりもはるかに意味があるということを忘れずに。

大事なのは数字ではなく、それが何を意味しているかなのだ。

講演が終わると、いつものように学生たちが話を聞きに集まってきた。五番目の学生が、「今日のメーンイベントはどこですか」と聞いてきた。私は何なのかと思いながら、「もう一度言ってもらえますか」と聞き返すと、「ビュッフェ会場はどこですか、採用のために来たのでしょう」と言ってきた。ハーバードビジネススクールでは、ゲスト講演ですらパターン化されているようだ。

批判的思考は、起業家の特質だ。偏見を持たずに自分で査定できる能力は、公式に頼る方法とは真逆と言える。もし経営大学院が批判的思考を育てなければ、ロボットしか生み出さない。それでは才能の大いなる無駄遣いだ。起業家精神は、「ジャンクサイエンス」（理論的根拠が乏しい）として一笑に付されていたが、それはみんなが理解していなかったからにすぎない。ルリーと私はその状況を変えたかった。

そこで、これをカリキュラムに加えるためにすべきことの相談をウィタカーと始めた。そして、最終的には分野や学科を問わずに起業家精神を育てる授業のシラバスを選ぶ全国的なコンテストをルリーと私で後援することにした。勝者は賞金二万五〇〇〇ドルのほかに、ミシガン大学で一年間その授業を行うことができる。一九八一～一九八六年で六人の優勝者が出たが、みんな選りすぐりの、多くは意外な人物だった。初回の優勝者は音楽教師で、別の年には刑務所で英語を教えていた人もいた。最も印象に残ったのは、ヒューストン大学工学部の教授だった。彼の授業は「失敗一〇一」という名称で、起業家が成功するためには、苦しみ、理解し、拒否されることに十分慣れることが必要だという前提に立っていた。期末試験は各学生にアイスキャンディーの棒一〇本を与え、それで何か作らせ、それを学内の学生センターに行って一〇ドル以上で売るというものだった。

学生たちがどれほど冷笑されたかは想像がつくだろう。もちろん、作品が売れた学生はいなかった。そのあと、教授はこの経験を用いて失敗とそこからどう立ち上がるかについて教えた。素晴らしい授業だった。

そのあと、一九九六年にミシガン大学から私に電話があった。最近亡くなった卒業生から、学部の優等生向けに一学期分の授業を後援するという遺産贈与があり、大学は私に依頼したいというのだ。内容は教える側の自由だという。そこで、私が選んだのはリスクだった。起業家にとって最も重要なことは、リスクを理解し管理することだからだ。私は大学に、ノアの箱舟のクラスにしてくれと頼んだ。約一五あるさまざまな学部から、二〇人の学生を集めるのだ。この授業の目的はリスクについて教えることだが、それは金銭的なことだけでなく、意思決定をするときのリスクについても伝えることだった。最後の授業で私はまず問題を出した。「ミニーおばさんが亡くなり、みんなにそれぞれ一〇万ドルずつ残してくれた。いくつかの投資先がある。七％で五年間投資することもできるし、七・五％で一〇年間投資することもできる」

しばらく考えたあと、全員が七％で五年間の投資を選んだ。そこで、私がこの場合のリスクを聞くと、彼らは「ない」と答えた。彼らは、短期のほうが長期よりも将来のインフレ率がリターンを蝕むのを抑えることができるし、五年後に選択肢があるからだという。

しかし、彼らは再投資するときのリスクを考えていなかった。投資している間のリスクばかりに注目し、五年後以降のことについて考えていなかったのだ。もしそのとき利率が七％以上で推移していれば問題はない。しかし、もし下がってしまったら問題だ。学生たちが不作為のリスクと作為のリスクがあることを理解し、私の目的は達成された。

その授業の少しあと、私はもっと永続的なことをしたいと思うようになった。私はミシガン大学経営大学院の教授陣と会って、「もし起業家育成プログラムを作ってくれるならば、資金を出す用意がある」と伝えた。すると「素晴らしい。まとまりしだいすぐに連絡するよ」という答えが返ってきた。

私は今でも連絡を待っている。ちなみに、これは二〇年も前の話だ。

ミシガン大学から連絡がないという事実から、慈善プログラムの場合も投資と同じで、大きな影響力を持つためにはだれかがオーナーにならなければならないと気づいた。展望を持ち、注意を払い、難しい質問をし、挑戦し、より大きな結果を求めて背中を押すことができる人だ。私がずっと寄付を躊躇していたのは、成果に応じて寄付を増やしていくほうがよいと思っていたからだ。会社と同じで、大事なのは透明性と説明責任と、みんなが成功するための舞台を整えることなのである。お金があれば、だれでもビルに自分の名前を付けることはできるのだ。

そこで、一九九九年に私たちはゼル家族財団とルリー家族財団から出資して、ミシガン大学にゼル・ルリー・インスティチュート・フォー・アントレプレネリアル・スタディースを設立した。プログラムの目的は、学生に自分の起業家的傾向に気づかせ、それを育てることである。ミシガン大学に置いたのは、これが学術的でありつつ実用性を重視したものにしたかったからだ。私たちは、学生が起業家的な考え方を学び、どのような環境においても、その考え方を現実の世界の問題に応用してほしいと思っている。このプログラムに欠かせないのは実践的な学びだ。そこで、学生が起業家的な創造や、ビジネス上の競争を実際に体験することで、自分の考えを洗練させ、周りの独立した第三者からフィードバックを受けることができるようにした。

最近では、学生の起業を手助けするゼル・ファウンダース・ファンドも一〇〇〇万ドルでスタートした。最後に、先の起業家プログラムには、投資家志望の学生のための四つのプログラム――ゼル・アーリー・ステージ・ファンド、ウォルバリン・ベンチャー・ファンド、ソーシャル・ベンチャー・ファンド、コマーシャリゼーション・ファンド――があり、単位も取得できるようになっている。

私は、学生と交流するのが大好きだし、彼らがそれまで思いもしなかったアイデアを紹介できると思うと力がわいてくる。私は年に四〇回ほど講演し、その約半分は大学で行っている。このような講演では、毎回必ず「あなたはたくさんのことを成し遂げてきましたが、今日ではチャンスが明らかに減っています。私ができることはありますか」などと聞いてくる学生がいる。チャンスはいつでもあるというのが私の答えだ。セクター全体のトレンドや、明らかな混乱という形ではないかもしれないが、必ずある。積極的に探して、見つけたらよく調べ、リスクと利益を査定しなければならない。それには勇気がいるし、簡単ではない。しかし、やる気さえあれば、素晴らしい結果を得られるだろう。

ミシガン大学以外でも、家族財団を通じていくつかの起業家プログラムを提供している——ノースウエスタン大学ケロッグ経営大学院の二つと、イスラエルのヘルツリーヤ学術センター（ＩＤＣ）という私立大学の一つだ。ケロッグでは、二〇〇一年にゼル・センター・フォー・リスク・リサーチが発足し、二〇一三年には学生の起業を助けるためのインキュベーターとアクセラレーターのプログラムも立ち上げた。後者は、イスラエルのＩＤＣで大成功を収めたプログラムを基にしている。

イスラエルのプログラムのきっかけはこうだった。一九九一年に、ＩＤＣで講演を依頼された私は、当然ながら起業家精神をテーマに選んだ。講演のあと、大学の設立者が私に言った。「この大学の学生にぴったりの内容でした。一緒にプログラムを作りませんか」。私は興味をそそられ、支援を約束した。私たちは、学生に起業家的なスキルを使って実際の事業計画を作り上げるためのアクセラレータープログラムを立ち上げた。学生はチームに分けられ、各チームが一年かけて会社を作り、概念から立ち上げまですべてを経験していく。この集中的な訓練によって、学生は理論を越えて実際に会社を作る実践的な気概を体得することができる。

ＩＤＣの学生は、ほとんどが兵役を終えているため、アメリカの学生よりも年齢が上で、実社会での経験もあり、このプログラムは非常に有益だった。学生たちはすでに実践的な学び方を熟知していた。彼らのほとんどが生活のなかで必需品の不足や極端な困難を理解していたため、この起業の体験を途方もないチャンスだと感じていた。彼らは課題に情熱的に打ち込み、私の名前をモジって自分たちを「ゼロット」と呼んでいた。アメリカの学生に熱意がないというわけではないが、イスラエルの学生は本当に貪欲に学んでいた。それが大事なのだ。実際、私が採用の面接をするときに、最初に聞くのは「どのくらいこの仕事を欲しているか」ということだ。渇望は動機につながる。それがあれば、常に注意を怠らずに目的に向かって努力し、その先を目指す。そこに、お金では買えない価値があるのだ。

二〇〇一年に始まったＩＤＣのプログラムは、起業家教育における顕著な一歩となった。一五年間で三〇〇人が受講し、一二カ国で八〇以上の企業が登記されている。このなかには卒業生だけでなく、学生が作った会社もある。彼らが新たに作った会社は多岐に渡り、創意に富んでいる。ほとんどの会社がハイテク系なのは、イスラエルが地理的に孤立しているからだ。卒業生たちは総額で四億ドル以上を調達し、なかにはＩＰＯ（新規株式公開）をへて、グーグルやイーベイなどに売却して資金化したケースもある。

私の寄付講座の卒業生が作った印象的な会社をいくつか挙げると、ゴゴボット（旅行サイト）、24ｍｅ（パーソナルアシスタント用アプリ、受賞歴あり）、カノ（子供用のコンピューターコーディングのキット）、ザ・ギフト・プロジェクト（ソーシャルネットワークや商業サイトでギフトをグループでやり取りできるサイト、イーベイに売却された）――などがある。学生たちは、ほかにも革新的で刺激的なアイデアをたくさん生み出した。ただ、イスラエルの学生たちは、世界的な企業を作ったり、地図に載るような会社を作ったりしただけではない。彼らは「スタートアップの国」の次世代のリーダーたちに多大な影響を与えたのだ。私はそのことに大きな価値を見いだしている。このプログラムに関する私の大好きな統計は、卒業生が創業した会社がイスラエルからニューヨーク、北京、ムンバイなど世界中ですでに一五〇〇人分の雇用を生み出していることである。

ある卒業生は、このプログラムについてこう言っていた。「起業家として知っておくべきすべてと指導を合わせて筋肉増強剤を足せば、ゼルの起業家プログラムになる」。これ以上の評価はない。

私たちは、このプログラムを補佐するために卒業生のネットワークを作った。学生と献身的な卒業生をつなげれば、いつでもメンターに相談できるため、素晴らしい効果が期待できる。二〇一五年には、IDCの卒業生のネットワークに、私がかかわった三つの大学すべての起業家プログラムの関係者を統合した。これは、ZGEN（ゼル・グローバル・アントレプルナーシップ・ネットワーク）という名前で、私はいずれこのネットワークが雇用主やベンチャーキャピタリストにとっての「グッドハウスキーピング認定証」のような機能を持つようになればよいと思っている。

私にとって、慈善活動は抽象的な概念ではない。私は両親から、他人に与えなければ本当の成功ではないと教えられた。前にも書いたが、「ツェダカ」（慈善）は子供のころから私のなかに強く焼き付けられている。戦争のあと両親が難民を受け入れ、ユダヤ人のために進んで寄付し、父が周りの人たちの問題を解決するためにどれほどの時間を割いてきたかを忘れることはけっしてない。

私は自分が非常に幸運だったことで、みんなの人生にも良い影響を及ぼすチャンスを提供することができるし、それは自分の義務だと感じている。私の遺産は何かと聞かれたら（実際よく聞かれる）、ツェダカが大きな部分を占めていると答えている。

これらの試みに関して私に最も近いパートナーは、妻のヘレンだ。二人とも同じ時期にミシガン大学を卒業しているが、知り合ったのは私が法科大学院に進み、彼女の夫と友だちになってからだ。彼と私は、授業の合間に地下の図書館でよくブリッジをしていた。ある日、私が奥さんもブリッジをするのかと聞くと、するということだった。私たちも彼らもシカゴに戻り、子供ができると、家族ぐるみの付き合いが始まった。しかし、ジャネットと私が結婚一二年で離婚すると、ヘレンと会うこともなくなり、一九九五年まで音信不通だった。

再開したのは、シカゴのネイビー・ピアで行われたアート博覧会だった。三〇〇〇人が殺到するイベントだ。人ごみは好きではないが、芸術への関心が高まっていた私は、ボブ・ルリーの未亡人のアンと一緒にこのイベントに出かけた。展示室を回って作品を見ていると、小柄な女性に頭からぶつかり、危うく彼女を突き飛ばしそうになった。私が彼女を支え、謝ると、彼女が「サムじゃないの」と言うので相手を見た。「ヘレンかい」。私たちは驚きながらお互いを見つめた。あれから二〇年がたっていた。

私たちのブランクはすぐに埋まった。ヘレンは、夫と別居して一年半がたち、あと六週間で離婚が成立するということだった。私はすでに離婚していた。そこで私はこう言った。

「私は離婚しているし、君もほぼ離婚している。夕食でも一緒にどうだい」

「いいわよ。電話して」と言って彼女は立ち去った。彼女が去ったあと、電話番号を教えてくれなかったことに気づいた。電話帳にも載っていない。しかし、少し調べると連絡先は分かり、二週間後に電話を掛けた。彼女と食事をしたあと、すぐに付き合い始めた。

ヘレンとの出会いは偶然の出来事だった。私はその一年ほどまえにシャロンと離婚し、仕事面でもルリーの死や、流動性危機など苦しい時期を切り抜けたところだった。これらの出来事は、私にとってライフバランスの優先順位を再考するきっかけとなった。また、ヘレンは五四歳、私は五五歳になっており、二人とも自分がどのような人間で、どうなりたいかは分かっていた。お互い見栄を張って時間を無駄にする必要はなかった。私たちはとにかく相性が良かった。ルーツが同じで、文化や家族について同じ考えを持っていた。そして何よりも、同じ価値観を持っていた。

ヘレンは、私の世界に自然に溶け込み、新しい経験を糧にしていった。特に、彼女は私が時間がなくて後回しにしていた慈善活動と芸術に私の目を向けてくれた。そして、この活動によって、私たちは強力なチームになった。

ヘレンは、私の慈善活動を、新たな段階に引き上げてくれた。私たちの家族財団では、教育と芸術とユダヤ人と医療を中心に寄付を行っており、いつも地元シカゴに目を向けている。

また、私たちは幼児教育にも関心を持っている。この問題の重要性については、投資家で、私のメンターでもあるアービング・ハリスに教えられた。彼は成功した実業家で、子供たちが人生の良いスタートを切るための活動に熱心に取り組んでいる。彼は、一九八二年にオンス・オブ・プリベンション・ファンドという基金を設立し、〇～五歳の恵まれない子供たちを支援している。これは官民が連携した取り組みで政府の助成金も出ているが、ほとんどハリスが出資している。始めたころは、幼児の保護や教育にお金をかけようという人は少なかったが、彼は時代を先取りしてこの取り組みを始めたのだ。

また、私の両親に敬意を表して、幼児教育のチャンスを提供するバーナード・ゼル・アンシェ・エメット・デイ・スクールと、ロシェル・ゼル・ユダヤ人高校を設立した。両親は、彼らが大事にしていたユダヤ教の教えと文化を私たちが引き継いでいくことを喜んでくれていると思う。

私が最も情熱を持って取り組んでいるのは起業家の育成で、ヘレンは芸術と文化だ。彼女は、母校のミシガン大学のプログラム作りにも多大なエネルギーを割いている。ヘレン・ゼル・ライタース・プログラムは、大学院の三年間の創作文のコースで、芸術学の修士号を修得できる。イスラエルの起業家プログラムと同様、この文芸コースもアクセラレーターと言える。卒業後に一年間、書くことのみに専念して作品を完成させることができるよう金銭的な支援をする「ゼローシップ」（ゼルとフェローシップの造語）も提供しているのだ。これは、この分野でアメリカ屈指のエリートプログラムになっており、重要な書き手の登場をあと押ししている。私たちは、シカゴ・シンフォニー・オーケストラ、シカゴ現代美術館、シカゴ・パブリック・エジュケーション・ファンドなどへの支援を通して、地元への貢献もしている。

ヘレンの芸術への情熱には伝染力があり、彼女のおかげで私もより深く芸術を知るようになった。大学四年の選択科目で美術史の授業を取ったとき、自分でも芸術に関心があることに驚いた。私が絵画を見たときに感じとる物語やアイデアは、必ずしもみんなと一緒ではない。これは、仕事のチャンスに対する見方にも通じるものがあるが、芸術は私の想像力の限界をまったく別の角度から試すものでもある。私は特に、シュールレアリスムの作品に引かれている。また、芸術は社会の鏡だとも思っている。世界で起こっていることを反映し、これらの出来事の新しい解釈を提供してくれるのだ。つまり、これは歴史の創造的な形態でもある。

実は、私も少し美術にかかわったことがある。一九七二年にロンドンに住む弁護士の友人から電話をもらった。彼は当時、リトグラフを刷る世界最高峰の技術を持っていた出版社のピーターースバーグ・プレスの代理人を務めていた。この出版社は、フランク・ステラ、ジム・ダイン、ジェームス・ローゼンクイストなど素晴らしいアーティストの作品を多く出版していた。しかし、業界のビジネスモデルが変わって、アーティストから支払いを受ける前に印刷をしなければならなくなったため、会社はキャッシュフローの問題を抱えることになった。そこで、友人が私にピーターースバーグに与信枠を設定できないかと相談してきたのだ。結局、私はこの会社に四〇万ドルを貸し、担保に五〇作品を受け取った。私はこれらの作品を額縁に入れて会社に飾った。これは、最初は社員に不評だったが、しばらくすると、みんな好みの作品について積極的に語るようになった。そのうちに、彼らが部屋を変わると、作品も一緒に引っ越すようになった。これらの作品は、今でも私の会社に飾られており、会議室にはその部屋の作品の作者の名前が付いている。

一九九〇年代初めまでに、私は重要なアート作品を何点か購入してはいたが、それ以上のかかわりはなかった。しかし、ヘレンとの生活が始まると、彼女は私の人生に彼女のアートと音楽への途方もない愛情も一緒に持ち込んだ。私たちは、二人でテーマを決めてシュールレアリスムを中心としたアートコレクションを作ることに決めた。今日では、世界中の人たちが私たちのコレクションを見に訪れる。ヘレンが私たちが集めた作品のお互いの関係について素晴らしい説明をするのを聞いていると、また学校に戻ったような気分になる。

ビル・ゲイツをはじめとする人たちがギビング・プレッジ（資産家が資産の半分以上を寄付するという誓約）を公に宣言したとき、私はたくさんの人から、私も署名するかと聞かれた。私は公に宣言することに少し心地悪さを感じたし、追いつめられるとイラ立ちを感じる。私にとって、寄付は非常に個人的なことで、それは私の両親もそうだった。家族のようなものなのだ（気づいたかもしれないが、私は家族についてはあまり公開していない）。しかし、あの宣言に込めた心情は大いに評価しているし、私も自分の資産を役立つところで使おうと決めている。ただ、いつ、どのように、どこで寄付するのかをみんなに公表しようとは思わない。

私はよく、遺産として何を残したいかと聞かれる。私の答えは「違いを生んだこと」で、そのために毎日自分の限界に挑戦しなければならないと思っている。ミクロのレベルで日々の出来事に影響を与えていけば、それがきっとマクロの影響を与えることになる。

私はいつもダニエル・H・バーナムの言葉に発想を得ている。彼は、シカゴで水際には建物を作らず、湖岸や川岸は公園にするよう市の有力者を説得するのに尽力した。これは、私が愛するシカゴを形作った最も重要な判断の一つだったと思う。彼の言葉を紹介しよう。

「小さな計画など立てるな。そんなものに人を奮い立たせる魔法の力はない。……大きな計画を立てるのだ。望みも仕事も高みを目指そう」

第12章

偉大さを目指して

私は以前からNBAのシカゴ・ブルズに少し投資をしている。これはボブ・ルリーのおかげだ。一九九〇年代半ばのある夜、私は当時ブルズの監督だったフィル・ジャクソンと食事をした。マイケル・ジョーダンがいかに驚異的なアスリートかという話をしていたときに、ジャクソンが言った。「マイケルの本当にすごいところは、周りのみんながうまくなることだ」。これ以上の賛辞があるだろうか。

私の人生の目的は、違いを生み出すことであり、違いを生むことは成長を促すことだと思っている。若い幹部の相談に乗るのも、落ち込んだ会社を再生するのも、新しい会社を作るためのインキュベーターになるのも、進歩と改善と前進する勢いを促進することなのである。

この目的を達成するために使っているツールキットのなかには、私に与えられた才能も含まれている。絵がうまい人もいれば、歌がうまい人もいるし、踊りがうまい人もいる。私は、お金儲けがうまい。私はチャンスを見つけると、それを具体的な形にできる。儲かるビジネスが自然に分かるのである。

私はよくみんなにどうやって儲けているのかと聞かれるが、それは取引そのものにあるのではなく、そのやり方にある。私は仕事も人生も同じように取り組んでいる。最後に、私の大事にしている概念をいくつか紹介しておく。

いつでも方向転換できるようにしておく

私はそれまでそれをやったことがないという理由だけで、新しい試みを躊躇することはけっしてない。それまで学んできたことを駆使してやってみるだけだ。私は自分を先頭で引っ張るタイプだと思っている。つまり、これからの需要がどこにあるか、あるいは需要がないかを見通さなければならない。しかも、次の五年だけではなく、二〇年、三〇年先までだ。また、先行者利益を得るためには、チャンスに早めに気づかなければならない。チャンスを広げていくためには、それまでの前提に縛られていてはならないのだ。

そのため、私は常に機転を利かせ、いつでも方向転換できるようにしている。私は業界の不可知論者だ。不動産、製造、医療、流通、エネルギーをはじめとするたくさんの業種で仕事をしている。私は日和見主義者でもある。時と場合によって買い手にもなれば、売り手にもなる。株式に投資するときもあれば、負債に注目することもある。たいては両方だ。私は、特定の業界とのつながりや、自分は取引をすること自体が大好きなので、そのことに引きずられないよう気をつけている。たくさんのチャンスがあるときには、資金を調達してそれらを最大限生かそうとする。良い案件がないときは、厳選して、最初は自己資金で試してみる。

私は実にたくさんの方面にかかわっている。私の人生の楽しみは、新しい場を得て活動することだ。前進しない人は、後退しているのだ。

単純に徹する

私は常に根本的な事実を重視している。これは需給の法則、流動性の価値、限られた競争、長期的な関係を築くことなど、本書で述べてきたことだ。これらのことは、私が潜在チャンスを見極めるときの枠組みになる。法律が変わることの意味を理解することで、営業純損失（ＮＯＬ）の繰り延べや、ＲＥＩＴやジェイコーを最大限利用することができた。また、人口動態に注目することが、エクイティ・グループにかかわるすべての戦略を変更するときの指針となった。「リスクを単純化する」という私の信念は私のなかにしっかりと根づいており、今では一日五〇人がそれぞれ二〇の投資アイデアを持ってきても、それぞれに「これに集中するとよい」と助言できる。

私はクロスワードから一〇億ドル規模の案件まで、問題を解決することが大好きだ。問題は、自分自身のものでも、同僚や友人や社員や孫のものでも情熱を持って取り組む。問題を最小限の要素まで分解し、単純化して、問題の核心部分を探し出すのだ。

これはだれでも学ぶことができる。私もかつてジェイ・プリッツカーから教わった。ただ、そのあとの経験が違いを生む。直感で分かるようになるまで何回も繰り返すのだ。経験は規律と洞察力を育て、落とし穴に落ちる前に奈落の底を垣間見せてくれる。リスクが分かるようになるのだ。

このような見方は、実は父の熟考の仕方とよく似ていると思うことがよくある。私が知る父は、非常に保守的で非常にリスク回避型の人だった。しかし、私が生まれる前の父はとてつもないリスクをとった。それも先を読むことができないなかで、だ。両親がポーランドから脱出したあと、生き残れるとはとても思えないときもあったという。そういう体験は人を変えるし、恐怖の記憶が完全に消えることはないと思う。アメリカにたどり着いてからの父は、懸命に働くことと、頭を低くして、身を潜め、どのようなリスクも避けるという姿勢で生きてきた。

しかし、彼は私という息子をもうけた。新世代の一人だ。私は父を見て、父の言うことを聞き、父よりもリスクに順応するようになった。しかし、私は戦争やユダヤ人迫害を直接は経験していない。私は、開放的で可能性にあふれたように見える世界で育った。もし父が私のようにこの国で育っていれば、簡単に私くらいの成功は手にしていたと思う。

目と心を大きく開いておく

なぜユダヤ人が何もせずにナチスをポーランドに入れてしまったのかと考えたことがあるだろうか。子供のころに父にこの質問をすると、忘れることができない答えが返ってきた。当時のポーランドのユダヤ人コミュニティの多くは先見の明がなく、世界で何が起こっているのか、ほとんど知らなかったというのだ。そのためユダヤ人は知らないことに対して究極のコストを払うことになった。しかし、父には世界の出来事に対するマクロ的な理解と行動するという強い信念があり、それが父と家族の命を救ったのである。

私は生死を分けるほどの状況ではないが、父と同じ戦略を用いてきた。投資においても、傘下の会社を率いることにおいても、マクロ的視点に基づいてチャンスを見つけてより良い判断を下してきた。私は常に疑問の目を向け、常に広範囲な出来事の意味合いを計算している。世界中の下落した通貨は資本の流れと世界の貿易にどのような影響を及ぼすのだろうか、それが多国籍企業が外国に拡大するチャンスを生み出すのだろうか、彼らにはどのような不動産のニーズがあるのだろうか、どうすれば新たな市場で先行者利益を得られるのだろうか――などいくらでもある。幸いなことに、私はショートスリーパーだ。

もし一貫したテーマがあるとすれば、私は常に業界や市場や特定の会社にアノマリーや混乱がないかを見ている。マーケットが異常な心理状態にあるときは、魅力的な仕掛けポイントが見つかるかもしれない。通常とは違う出来事やパターンは、何らかの興味深い新しいチャンスが生まれているかもしれないことを教えてくれる発信機のようなものなのである。

前にも書いたことだが、再度強調しておきたい。私は情報を貪欲に消費している。たくさんの情報を消化する能力を磨き、そのなかで意味がありそうなものをふるいにかけ、それを温めておき、役に立つときが来たら使うのだ。毎日、私は新聞を五紙、一週間にビジネス誌を五冊読む。そして、そのほぼすべて、少なくとも必要なところはすべて覚えている。また、現実とかけ離れたフィクション（ミステリーでも、スパイ小説でも）を読むのも好きで、週に一冊は読んでいる。ただ、後者については何も覚えていない。ただある日、突然、何かの役に立つかもしれない。

あるとき、私はバイク仲間とチリにツーリングに行った。最終日、天気予報が激しい暴風雨だったため、出かけるのをやめて早めに帰国することにした。しかし、それだと到着が午前三時半ごろになってしまうことが分かり、途中どこかに寄ることを考え始めた。しかし、あまり選択肢がなかった。そのとき、私は何年か前に読んだスパイ小説を断片的に思い出した。最後のシーンはドミニカ共和国のカサデコンポというリゾート地での撃ち合いだった。この本に、このリゾートのなかに国際空港があると書いてあった。そこで、パイロットが調べてみると、本当だった。私たちはすぐに予約し、ドミニカ共和国で夕食をとり、素晴らしい一日を過ごしてから帰国した。どこで、どのように新しい知識を得られるかは予想ができない。だからこそ、常に目と心を開いておかなければならないのだ。

そのために大事なことは、人の話に注意を払うことだ。良い聞き手になると、すべてが違って見えてくる。私が仕事を始めたばかりのアナーバーで不動産投資をしていたころ、ある女性から家を買おうとしていた。私たちは、この家を壊してアパートを建てるつもりだった。ところが、売り主は直前になって契約しないと言い出し、私には理由が分からなかった。どう見ても、彼女にとって素晴らしいチャンスだったからだ。そこで、時間をかけて彼女の話を聞くと、本当の理由が分かった。裏庭に埋葬した愛犬の上に大きなアパートが建つのが耐えられなかったのだ。

これは、質問を続けていなければ分からないことだった。そして、この新しい知識は大きな違いを生んだ。私はすぐにこの難問に単純な答えがあることに気づいた。私は、契約書に犬の墓を移動する十分な時間を置いてから家を取り壊すという一文を書き加え、それを実行した。

結局、チャンスがいつ訪れるかは分からないため、注意を払っていなければ見逃してしまうかもしれない。一九八八年に、アイテルがヘンリー・グループを買収したとき、CE

O（最高経営責任者）のポール・モントローンがニューハンプシャー州ウォルフェボロで開かれるボッチ（イタリアの球技）大会に招待してくれた。私はこの競技について何も知らなかったが、何とかなるだろうと出かけていった。要するに、ボールを投げればよいのだ。前にも書いたが、私は負けず嫌いで、それは得意なことにとどまらない。それから二〇年、私はモントローンが主催するこの大会に参加し続けている。そして、元ボストン市長のトム・メニーノ、故アントニン・スカリア最高裁判事、メトロポリタン・オペラのポール・プリシュカなどといったある意味「ワールドクラス級」の人たちと対戦してきた。

私は、父に楽しむのは不真面目だと警告されるたびに反論を試みたが、ここで一矢報いたい。私はこのボッチ大会でビーコン・プロパティーズCEOのアラン・レベンサルと知り合った。ビーコンは新しく上場されたREITで、ボストンでオフィスビルを運営していた。レベンサルと私は、試合中、かなり偏見に満ちたレフリーが叫ぶ合間に、エクイティ・オフィスがビーコンを買収する話を進めた。そして、一九九七年に四〇億ドルで契約に至った。

もしいつも情報を探して真剣に観察していれば、欲しい情報は見つけられる。しかし、今日の圧倒的な情報量のなかでは、大部分を占めるたわ言のなかから、意味のあるものを集中して見つけださなければならない。

先導犬になる

「先導犬でなければ景色はけっして変わらない」。これはユーモアあふれる作家のロバート・ベンチリーの言葉である。私は、自分の取り組み方を特徴づけるこの言葉を昔から大いに気に入っている。私は自分の仕事で先導犬になって、かかわったすべての業界の「景色」を自分で変えていきたい。つまり、どの業界でも三位以下にはなりたくないし、できればナンバーワンが良い。もし先導犬にならなければ、ほかの人に反応するしかない人生になってしまうのだ。

この考え方は、私の会社を見るとよく分かる。エクイティ・ライフスタイル・プロパティーズは、プレハブ住宅とRVパーク（モーターホーム用の滞在施設）を運営する最大手で、エクイティ・レジデンシャルは、アパート運営の最大手だ。売却時のエクイティ・オフィス・プロパティースは、Aクラスのオフィス物件としては最大のポートフォリオを所有していた。コバンタはアメリカで最大級の廃棄物発電会社であり、シーリー・コーポレーションは北米で最大の寝具メーカーであり、レブコはアメリカ第二位のドラッグストアチェーンだ（一位はリタ・エイド）。

私のお気に入りの先導犬投資となったのが、アダムス・レスパトリーだった。一九九九年に、私たちは巧妙な戦略を持ったこの小さな製薬会社とかかわりを持った。一九三八年に可決された連邦食品・医薬品・化粧品法によってＦＤＡ（食品医薬品局）の権限は拡大したが、既存の薬品は適用を除外された。つまり、もし既存の薬品の非常に高い効果を証明できれば、その新たな効果については市場を独占できる。アダムスは、新法の適用を除外される去痰薬グアイフェネシンを改良して、新たに長期間持続放出できるようにした。この治験が成功して薬の構造式の効果を証明できれば、グアイフェネシンはメーカー間の競争が大幅に減ることが期待できる。これは狙いどおりになった。

ＦＤＡが二〇〇二年にアダムスの薬を認可すると、彼らはすべてのメーカーと持続性のグアイフェネシンの販売業者に、ＦＤＡの審査が終わるまで製品を市場から引き上げるよう警告書を送った。もちろんこれは私たちに莫大な先行者利益をもたらし、ほかの業者に対して大きな参入障壁を生み出した。それと同時に、私たちは一般顧客向けにアダムスのムチネックス（製品名）の盛大な販売キャンペーンを行った。これはうまくいき、ムチネックスの売り上げは大幅に伸びた。アダムスの売り上げは二〇〇三年の一四〇〇万ドルから二〇〇七年には三億三二〇〇万ドルに増え、私たちは二〇〇五年にこの会社を上場した。二〇〇七年、アダムスはレキットベンキーザに二三億ドルで売却された。私たちの初期投資額は二六〇〇万ドルで、その一五倍近い三億八〇〇〇万ドルの利益を上げた。

ちなみに、先導犬でいることは、ただのビジネス戦略ではない。これは考え方なのである。そして、この考え方はアメリカ人特有のものだと思う。

アメリカは、平等を重視する偉大な国である。どこの出身でも、名家出身でなくても、移民の子供であっても、成功するチャンスがある。生まれながら継承した何らかの優位性がなくても、成功が可能な国はアメリカだけだと思う。ここでは、みんなが先導犬になり得るのである。

正しいことをする

少し離れてみることが正解につながることもある。そして、行動はすべて倫理を基にしている。私が昔から親しくしている友人の一人であるウイリー・ウエインスタインは、大学でビジネス倫理を教えている。私たちは毎日少なくとも二回は話をし、私のアイデアや取引についてよく彼の意見を聞く。私は彼に、倫理的に矛盾する点に気づいたらぜひ教えてほしいと頼んである。自分の考えを躊躇なく述べてくれる彼のチェック・アンド・バランス機能は、私にとって大いに価値がある。私たちはさまざまなことについて議論するが、倫理について意見が対立することはない。

私にとっての成功とは、道義に基づいたことをすることで手に入れるものだと常に思っている。そのため、私がけっして手を出さない取引がある。例えば、一九九〇年代半ばにある銀行から電話があり、非常に興味深い会社を教えてくれた。この銀行は投資しないが、私ならば関心を持つかもしれないと思ったようだ。これは、ペイデイローン（給料日までの短期で高金利のつなぎローン）という概念だった。私はニューヨークに行って説明を聞いた。リスク・リワード的には、素晴らしいアイデアだった。借り手のニーズを満たしながら、貸し手はかなり高いリターンを得られるからだ。しかし、説明を聞き終えて私は言った。「良いビジネスモデルで、おそらく利益率も高いだろうが、私はかかわりたくない。給料日までのローンの貸し手にはなれない。労働者に二週間三〇〇％で貸したら、良心に恥じずにはいられない。儲かる話であっても、私はかかわりたくないビジネスだ」

私は提携するときも、同じような良識を持っている相手を選んでいる。慣用句にもあるとおり、「朱に交われば赤くなる」だ。何年か前には、ショッピングモールの一部を買う話があった。ただ、所有者が非常に気難しい相手だと警告されていた。私が会いに行くと、彼は開口一番こう言った。「最初に行っておくが、私と二回目の取引をした人間はいない」。あまりにも型どおりで私は笑いそうになった。しかし、昔からの教えどおり「自分をさらけ出す人は信じる」ことにした。

もし私が自分自身について書くならば、それとは正反対だ。私は常に、次の案件もあるという想定の下でビジネスを行っている。そして、そのために誠実に取り組む。成功と倫理は両立できないという考えもあることは知っている。しかし、私にはまったくそうは思えない。それはうまくいかなかった人の言い草であり、そういう人に限って「あいつが成功したのは近道したか、ズルをしたからだ」などと言う。こういう輩は昔からいるが、私はそうは思わない。

一九八〇年代末に、私はエイペックス石油への出資と再編を依頼された。この会社は本社がセントルイスにあり、クラークというガソリンスタンドを展開しているほか、いくつかの精製所を所有し、相当量の石油を取引している。当時は石油価格が下落しており、エイペックスの借入金の担保価値は逆転していた。実際、かなり複雑な状況になっていたが、私は可能性を見いだし、二〇〇〇万ドルを出資することにした。

この取引は非常に困難で、ほぼ六カ月間を費やすことになった。契約間際のあるとき、私がこの契約から手を引くというわさが流れた。銀行は非常に神経質になり、今にも交渉が決裂しそうになった。その週末、私はたまたまバイクでウィスコンシン州をツーリングした。ここにはエイペックスが運営するクラークステーションがたくさんある。金曜日の朝に、クラークのガソリンスタンドで給油していると会社から電話があり、銀行が弱気になっているという報告を受けた。私は、まだ契約を続けるつもりであることを何らかの形で伝えなければならなかった。

その次の火曜日に、シカゴのニッカボッカ・ホテルで銀行との会議があった。集まった全員が少し緊張していた。会議の初めに、シェリ・ローゼンバーグが封をした茶封筒を出席した三〇人全員に配った。そして、私が全員に、私が手を引くといううわさがあることについて話があるので、それが終わるまで開封しないように伝えた。そのうえで、私が合意に至るまで交渉を続けるつもりであることを明言し、それから封筒を開けるよう促した。なかには、ツーリング用の皮のジャンプスーツを着た私が、巨大なクラークステーションのサインの前でジョン・トラボルタのポーズを決めている写真を二〇×二五センチに拡大したものが入っていた。それでみんなの緊張がほぐれた。「私のこの件に対する決意を疑う人がいても、これで考え直してくれるはずだ」と私は言った。

私は交渉をするとき、テーブルの向こうにいる相手の動機や優先順位について時間をかけて考える。相手にとって、交渉の決め手になるのがどの課題かを理解するためだ。彼らは二〇項目ある検討課題のなかのどの三つを最も気にしているのだろうか。もちろん、自分にとってどれが重要かははっきりと分かっている。そうしておけば、双方の欲しいものが分かるため、ウィンウィンという最高の形で合意することができる。

ウォール街で、私は買い手が有利な価格設定をする売り手だと言われている。最後の五セントまで搾り取ろうとは思っていないからだ。例えば、一九八〇年代末に私がアイテルの転換社債を売っていたとき、メリルリンチのニューヨーク事務所で、あまりユーモアがあるようには見えない人物と話をした。彼は「メリルリンチは二億ドル分の転換社債を六・五％の利回りで買う用意があります」と言った。

「分かりました。それでは六・七五％にしましょう」と私は答えた。

彼は何を言っているのか分からないという顔で私を見つめて言った。「何ですって」

「六・七五％にしましょう」と私は繰り返した。

「しかし、ゼルさん、私は六・五％で買うと言っているのですよ」

私は、「分かっています。私たちにとってこの取引で〇・二五％はさほど大きな違いはありませんし、こうすればすべての買い手が買った瞬間確実に利益が出ます。みんながうまくいけば、次も取引できますからね」と言った。私には、将来も彼らが買い手候補になってくれることが分かっていた。

私にとって「勝ち」は二択ではない。ゼロサムゲームではないのだ。交渉によって勝者と敗者が生まれる取引が成功することはあまりないし、次の取引も期待できない。

少なくとも私の仕事人生ではそうだった。時には部下の反論に遭うときもある。最後の一セントまで取らない理由が分からないというのだ。しかし、私はみんながプレーを続けたくなるような環境にしておきたいと思っている。

シェム・トーブ

私の義理の息子が、私の会社と私はまるでブランドで、常にそのブランドを守ることを考えているように見えると言ったことがある。これは面白い見方だ。要するに、私はすべてにおいて一貫性があり、自分の評価に合わないことはけっしてしないというのだ。もちろん、それでいつもうまくいくわけではないが、脇道にそれようとは思わないし、もし間違ったときはそれを修正するために全力を尽くす。

ビジネスにおいて、相手は私がどのような人間かを知りたがる。つまり、約束を守ってくれるのか、パートナーとして信頼できるのか——などといったことだ。私がまだ不動産デベロッパーをしていた一九七八年に、ミシガン街に土地を所有していたデパート会社が、そこにニーマン・マーカスの店舗を建設したいと考え、私に打診してきた。当時、規模でも支配力でも最大のデベロッパーは、カナダのキャデラック・フェアビューという会社だった。私たちはデパートのCEOと会って、この案件について話し合った。

私が話し終えると、CEOが私を見て、「もし君が君の言ったとおりの人物ならば、なぜ私はこれまで君のことを聞いたことがなかったのかね」と言った。

私は、「ここに、主要な不動産関連業者五社のリストがあります。ご自分で確認してください」と言った。

それが水曜日で、金曜日の朝七時に会社の直通電話が鳴った。会長自身からの電話だった。「良いニュースだ」

「何でしょう」

「君は君が言ったとおりの人間だった」

このときのことを思い出すと、いつも頬が緩む。私にとって一番大事なことだからだ。私は自分の言葉どおりに行動している。

誠実さを尊重する

私は、誠実さがその人の性格を表していると思う。苦しいときも、友人や同僚やパートナーを見捨てることはないか。彼らの状況を自分のことのように考えられるか。取引先との関係の長さと強さや、エクイティに関係する会社の社員の勤続年数の長さに、私は誇りを感じている。私は必要以上に批判されることも多いが、このことが何よりも私という人間を表していると思っている。

私は、ジェイ・プリツカーがいつも私に非常に誠実に接してくれたことを思い出すたびに感動を覚える。一九九〇年代初め、私はアイテルに掛かりきりになっていた。この取引では、簡単に言えばコンテナ会社を現金と四年間のプットオプション付きの株で買った。つまり、もしこの株が四年間ある程度の水準にならなければ、売り手のデビッド・マードックはこの株を私たちに買い取らせるか、彼がマーケットで売って私たちが差額を補填することになる。

前にも書いたが、このころは私の人生のなかでも特に厳しい時期だった（仕事もプライベートも）。ボブ・ルリーを亡くし、景気が悪く、ＦＲＢ（連邦準備制度理事会）によってジャンクボンド市場は壊滅的な状況になり、貸し付けは凍結され、私の会社は空売りされ、何週間かは社員の給料を支払う現金が足りるのかまで心配した。アイテルは株価が戻りつつあったが、問題は一九九一年一月の時点でマードックが三月三一日にプットを行使すると約五〇〇〇万ドルが必要になることだった。彼は、二月に「プットを行使する」と電話を掛けてきて、権利を放棄することなどないことを明確に示した。

三月一日、私は五〇〇〇万ドルを調達するために奮闘していた。状況は厳しく、貸してくれる人はどこにもいなかった。その間、マードックは一日おきに電話をよこし、私が五〇〇〇万ドルを支払うのと彼が市場で売却するのとどちらにするか選択を迫ってきた。当然ながら、私は五〇〇〇万ドルの価値がある株をマーケットに放出してほしくはなかったが、彼は容赦なく圧力をかけてきた。彼は「現金をよこすのか、それとも株を売ってもいいのか」と何度も繰り返し、私は毎回「分からない」と答えていた。

そして、三月一五日ごろ、期限までほんの二週間という時期に私はジェイ・プリッカーに会いに行った。私は「五〇〇〇万ドル必要なんだ」と言って、状況を説明した。

彼は「分かった」と言った。ただそれだけだ。そして三〇分後、私はお金を手にしていた。それがプリッツカーという人物だ。そして、信頼してもらえることがどういう気持ちかもけっして忘れられない。私は彼のためならば何でもするつもりだ。

もう想像がついたと思うが、私のような地位にいる人間にとって、誠実さや信頼は、お金には代えられない商品だ。そして、これは双方に効く。

第一一戒に従う

「汝は自らを深刻に考えすぎることなかれ」ということだ。そうでない人があまりにも多いので、もう一度言う。エゴとプライドも大事だが、自己管理をしなければ、消耗したり害になったりすることにもなりかねない。ただ、私にとって、第一一戒はそれ以上の意味がある。簡単に言えば、自分のことを笑い飛ばす最初の人間になるということだ。自分を笑い飛ばすことができることと、エゴの大きさとは関係がない。あるとすれば、自分を笑える人は、自分のエゴを高く評価しているということだと思う。

私にとって第一一戒は、私たちがみんなこの世界に住む人間で、周りの感嘆すべきできごとに参加する資質を与えられている（自らそれを避けないかぎり）ということを認識させてくれる。私の会社の部屋は快適で、美的で、私がどのような人間かを反映している。ちなみに宮殿のようなところではない。市内を見下ろすような高い場所でもなく、六階だ（六〇階ではない）。ただ、屋外デッキはついている。植物をたくさん置いているため、市内のハトが集まってくる。水鉄砲を試したが、効果はなかった。ここには、二羽の体格の良いアヒルが住んでいる。彼らには専用の温水プールがあり、これを見ると私は変わり者の億万長者の気分になれる。

アヒルがいる理由はこうだ。何年も前のある朝、デッキに出るとマガモが座っているのを見つけた。私は自分のデッキでカモを見たことがなく、おかしな感じがした。翌朝もカモがいた。しかも三羽の子ガモまでいる。夜の間に孵化したようだ。

会社のみんなはカモの家族の登場に興奮し、それから何週間かは見物客が絶えなかった。

しかしある日、母ガモと二羽の子ガモはどこかに飛んでいき、子ガモが一羽残った。この子は小さくて、足が悪いようだった。私たちはこのカモをデューイと名付けた。しかし、どうすればよいのだろうか。私が経営するＥＧＩ（エクイティ・グループ・インベストメント）は創造的な人たちの集まりで、彼らは問題解決が得意だし好きだ。社員の一人が、子ガモを獣医に連れて行き、そこで動物のカイロプラクターを紹介してもらった。デューイは理学療法を受けた。本当だ。彼のためにデッキに温水プールも作った。彼はそこで一年ほど過ごし（寒すぎるときは部屋に入れていた）足が治った。発情期が来ると、デューイも飛んでいってしまった。

私も社員も寂しくなった。みんなここにカモがいることが好きだったが、毎回寂しい思いもしたくない。するとだれかが「それならばカモに似た飛ばない動物はどうか」と言い出した。調べてみると、ルーアンアヒルという種類がいることが分かり、結局、二羽のアヒルがデッキに常駐することになった。彼らは大きくて気高く、美しい青緑の首を持っている。もちろん名前はヒューイとルーイだ。今いるアヒルは三代目で、エクイティ・ファミリーの一員になっている。

前にも書いたが、私は自分の会社の部屋のドアを閉めない。それでは内々の会議をするときはどうしているのだろうか。天気が良ければ、私はデッキで話をする。シカゴの高層ビルに囲まれ、アヒルが鳴いているなかで仕事の話を進めるのだ。私はとても気に入っている。

全力を尽くす

問題は、解決できないと思ったら負けだ。何らかの方法があるという前提に立てば、解決法はたいてい見つかるし、そのために創造力が解き放たれる。

私は、この基本的な真実と起業家精神は同じだと思っている。これは、粘り強さと楽観と動機と確信が一つに混ざり合った考え方だ。やり抜くと決意し、見通し、何とかするということでもある。私の周辺では、これをオーナーになることと言っている。

私にとって、これはお金だけでなく時間の投資も意味している。言い換えれば、その対象が何であれ（会社でもプロジェクトでも）頭のなかの一部をそのために費やすということだ。私は常にそのことについて考え、どうすればより良くなるか、どうすれば新たなチャンスにつながるか、などと考えている。それもすべて、違いを生むため、つまり効果的なプラスの変化を生み出すためなのである。

そのうえで、私は原則として仕事の判断に感情が影響を及ぼさないようにしている。もともとそういう考えだが、これはルリーと仕事を始めたときに最初に話し合ったことでもある。ただ、例外が一つある。

ルリーは過激なスポーツファンだった。毎年、シカゴ・ホワイトソックスの開幕戦では、会社中に大音量のスピーカーでルリーの絶叫が響き渡る。ある年、チームが開幕から七連勝したときは、会社中を「7－0！」と大きく書いたボードを持って大騒ぎしながら走り回っていた。

一九八一年のある日、ルリーは私の部屋に来ると、少しかしこまって言った。「今日は一緒に昼食に行ってほしいんだ」。これはいつものことだ。私たちはほぼ毎日、たいていは会社の一階にある一八一レストランという場所で一緒に昼食をとっている。私たちはジャイロ（ギリシャ料理）が大好きで、ここのが一番だと思っていた。この日も一緒に昼食に出かけ、「何の話だい」と聞いた。

「君の友人のジェリー・レインズドルフに電話をして、僕たちがホワイトソックスを買えないか聞いてみてくれないか」という答えが返ってきた。当時、レインズドルフはホワイトソックスを買うためにリミテッドパートナーシップを設立しようとしていた。

私は「いいよ。電話して最低出資額を聞いてみるよ」と答えた。

するとルリーが言うのだ。「違うよ。発言権を得るにはいくらかかるかを聞いてほしいんだ」

そして、彼は発言権を得た。ルリーはホワイトソックスの理事となり、のちにはシカゴ・ブルズの理事にもなった。彼はたくさんの試合を見ていた。私たちが二〇〇七年にトリビユーンを買った当時、この会社はまだシカゴ・カブスを所有していた。レインズドルフから電話があり、「もしルリーがまだ生きていたら、君は絶対にカブスを売れなかったな」と言われた。そのとおりだ。

ルリーが野球の話をするときの陽気さが私は大好きだった。カブスが二〇一六年にワールドシリーズで優勝したとき、ルリーが生きていれば有頂天になっていただろう。そこまでの情熱を持てるのは魅力的ですらある。私は妻のヘレンが自分が手掛ける慈善プロジェクト（特に、ミシガン大学に寄贈した執筆プログラム）について語るときも同じ思いを抱く。ヘレンにとって、慈善活動はただ小切手を切ることではない。彼女はそのプロジェクトに没頭しているのだ。

あと一言だけ言っておきたい。オーナーとは、自分の持ち物を最大限楽しもうとする人だ。全力を投じて、だ。そして、起業家はいつも新しいチャンスを探している。何かを得るために、いつも努力しているのだ。

私は、このようなことは仕事にも人生にも応用できると思っている。このことについて考えてみてほしい。

私は、自分の子供に私の会社で働けと言ったことはない。一代で機械メーカーを作り上げて、息子や娘に継がせたいと思う家長とは違い、私は会社に対する強い思い入れはない。これは私の夢であって、それをだれかに無理強いしようとは思わないのだ。

私は子供や孫にこう言っている。「君たちには与えられたスキルを最大限生かす責任がある。何をするにしても、持てるものをすべて投資して、勝ち取ってほしい。私がしてきたことをまねする必要はない。ただ、私のやり方、つまり、集中と努力と一生懸命やることはまねをしてほしいね」

これはリハーサルではない。私はパワー全開で生きてきた。自分は、地球上で違いを生むために生まれてきたのだと思っている。そして、そのためには自分の限界に挑戦しなければならない。私は毎日、それにチャレンジしている。孔子の言葉だったと思うが、「バカ者とは自分の目的を達成してしまった者」なのである。ゴールを常に動かして、偉大さを目指すかどうかは私次第なのである。

謝辞

少なくともこの二五年間、私は周りのあらゆる人たちから、私がどのようにして今の地位を手に入れ、そこまでの道のりで何を学んだかについて本を書くべきだと言われ続けてきた。本書はその声に応え、面白くて印象に残る読みやすい本を目指して執筆した。

まず、出版まで熱心に取り組んでくれたブックチームに感謝したい。ペンギン・ランダム・ハウスのポートフォリオグループのメンバーをはじめとする多くの人たちが、本書のためにさまざまな役立つアイデアや記憶や情報を提供してくれた。

本書作成に貢献してくれた多くの人たちをすべて列挙するのは難しい。私が頼りにしている人たち（挑戦したり、支援したり、ひらめきを与えたり、私をからかったりする人たち）は、分かってくれていると思う。彼らの信頼と誠実さが私を謙虚な気持ちにさせてくれる。

私たちの発展と今の地位は、並外れた人たちが同じ目的に向かって協力してきたおかげによるところが大きい。私は、彼らの個人的な成長と成果で自分の成功を測ることができるし、彼らは私の誇りでもある。この感謝の気持ちは、「エクイティ・ファミリー」に現在かかわっている人たちだけでなく、かつてここで働いてくれた人たちにも及んでいる。

■著者紹介

サム・ゼル（Sam Zell）

1968年に自らが設立した投資会社のエクイティ・グループ・インベストメント（http://www.egizell.com/）会長で、NYSE（ニューヨーク証券取引所）の上場会社５社の会長でもある。起業家で、投資家。幅広い業界で積極的に投資を行っている（不動産をはじめ、エネルギー、製造業、物流、ヘルスケア、通信ほか）。両親は杉原千畝の発行したビザでソ連・日本経由でアメリカにたどり着いた「スギハラサバイバー」である。現在は妻のヘレンとシカゴに在住。

■監修者紹介

長尾慎太郎（ながお・しんたろう）

東京大学工学部原子力工学科卒。北陸先端科学技術大学院大学・修士（知識科学）。日米の銀行、投資顧問会社、ヘッジファンドなどを経て、現在は大手運用会社勤務。訳書に『魔術師リンダ・ラリーの短期売買入門』『新マーケットの魔術師』など（いずれもパンローリング、共訳）、監修に『高勝率トレード学のススメ』『ラリー・ウィリアムズの短期売買法【第２版】』『コナーズの短期売買戦略』『続マーケットの魔術師』『続高勝率トレード学のススメ』『ウォール街のモメンタムウォーカー』『投資哲学を作り上げる　保守的な投資家ほどよく眠る』『システマティックトレード』『株式投資で普通でない利益を得る』『ブラックスワン回避法』『市場ベースの経営』『金融版 悪魔の辞典』『世界一簡単なアルゴリズムトレードの構築方法』『ハーバード流ケースメソッドで学ぶバリュー投資』『システムトレード 検証と実践』『バフェットの重要投資案件20 1957-2014』『堕天使バンカー』『ゾーン【最終章】』『ウォール街のモメンタムウォーカー【個別銘柄編】』『マーケットのテクニカル分析』『ブラックエッジ』など、多数。

■訳者紹介

井田京子（いだ・きょうこ）

翻訳者。主な訳書に『トレーダーの心理学』『スペランデオのトレード実践講座』『トレーディングエッジ入門』『千年投資の公理』『ロジカルトレーダー』『チャートで見る株式市場200年の歴史』『フィボナッチブレイクアウト売買法』『ザFX』『相場の黄金ルール』『トレーダーのメンタルエッジ』『破天荒な経営者たち』『バリュー投資アイデアマニュアル』『遅咲きトレーダーのスキャルピング日記』『FX 5分足スキャルピング』『完全なる投資家の頭の中』『勘違いエリートが真のバリュー投資家になるまでの物語』『株式投資で普通でない利益を得る』『バフェットからの手紙【第４版】』『金融版 悪魔の辞典』『バフェットの重要投資案件20 1957-2014』『市場心理とトレード』（いずれもパンローリング）など、多数。

2018年２月３日　初版第１刷発行

ウィザードブックシリーズ㉕⑨

逆張り投資家サム・ゼル
――5000億円儲けた「墓場のダンサー」

著　者　　サム・ゼル
監修者　　長尾慎太郎
訳　者　　井田京子
発行者　　後藤康徳
発行所　　パンローリング株式会社
〒160-0023　東京都新宿区西新宿7-9-18　6階
TEL 03-5386-7391　FAX 03-5386-7393
http://www.panrolling.com/
E-mail　info@panrolling.com
編　集　　エフ・ジー・アイ（Factory of Gnomic Three Monkeys Investment）合資会社
装　丁　　パンローリング装丁室
組　版　　パンローリング制作室
印刷･製本　株式会社シナノ

ISBN978-4-7759-7228-1

好評発売中

ウィザードブックシリーズ 233

完全なる投資家の頭の中
マンガーとバフェットの議事録

トレン・グリフィン【著】

定価 本体2,000円+税　ISBN : 9784775972021

グレアム式バリュー投資家
チャーリー・マンガーのすべて

本書は、マンガーへのインタビューや彼の講演、文章、投資家への手紙、そして、たくさんのファンドマネジャーやバリュー投資家の話から抽出した要素を再構築して、マンガーの投資戦略に不可欠なステップを明かした初めての試みである。グレアムの投資システムから派生したマンガーの手法は非常に明快で、普通の投資家でもすぐに自分のポートフォリオに応用できる。しかし、本書はただの投資本ではない。これはあなたの人生を助けるメンタルモデルを育んでいくための教えでもあるのだ。

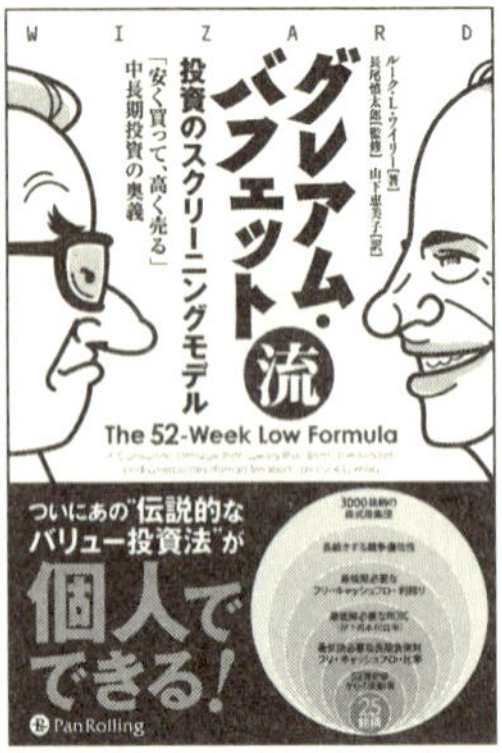

ウィザードブックシリーズ 229

グレアム・バフェット流 投資のスクリーニングモデル

ルーク・L・ワイリー【著】

定価 本体3,800円+税　ISBN : 9784775971963

「個人投資家」のために初めて開発された伝説的バリュー投資法

成功する投資の原理はとてもシンプルだ――「安く買って、高く売る。良い情報に基づく良い意思決定。ノイズを排除し、感情的な混乱を避ける。そして、リスクを減らす」。しかし、投資家は往々にして、最適ではない結果につながるワナに陥ることが多い――「群れの行動、感情的な投資、データではなくトレンドに従う、不必要なリスクをとる」。本書は、従来の戦略の殻を打ち破り、よくある過ちを避けたいと思っている中長期の投資家、マネーマネジャー、金融アドバイザーにとっての必読書だ。本書が提供する時代を超えた新しい戦略と考え方に従うことで、リスクを低減し、市場をアウトパフォームすることが可能になるのである。